UNIVERSITÉ DE FRANCE. — FACULTÉ DE DROIT DE TOULOUSE

DROIT ROMAIN

DE LA

CONDITION JURIDIQUE DES AFFRANCHIS
A ROME

DROIT FRANÇAIS

DU RÉGIME LÉGAL
DES BUREAUX DE BIENFAISANCE

THÈSE POUR LE DOCTORAT

PRÉSENTÉE PAR

LOUIS SALVA

DOCTEUR EN MÉDECINE

PARIS
LIBRAIRIE NOUVELLE DE DROIT ET DE JURISPRUDENCE
ARTHUR ROUSSEAU, ÉDITEUR,
14, RUE SOUFFLOT, ET RUE TOULLIER, 13.

1888

A mon ami Ludovic Séré, Docteur en droit,
Souvenir affectueux
Dr Louis Salva

THÈSE

DE

DOCTORAT

FACULTÉ DE DROIT DE TOULOUSE

MM. BONFILS, ✳, Doyen, professeur de Droit commercial.
GINOULHIAC, ✳, professeur de Droit français dans ses origines féodales et coutumières.
POUBELLE, O. ✳, professeur de Code civil, en congé.
ARNAULT, ✳, professeur d'Économie politique, en congé.
DELOUME, professeur de Droit romain.
PAGET, professeur de Droit romain.
CAMPISTRON, professeur de Code civil.
WALLON, professeur de Code civil.
BRESSOLLES (Joseph), professeur de Procédure civile.
VIDAL. professeur de Droit criminel.
HAURIOU, professeur de Droit administratif.
BRISSAUD, agrégé, chargé du cours d'Histoire générale du Droit.
ROUARD de CARD, agrégé, chargé d'un cours de Code civil.
De BOËCK, agrégé, chargé du cours d'Économie politique.
MÉRIGNHAC, agrégé, chargé du cours de Droit international privé.
TIMBAL, agrégé, chargé du cours de Droit constitutionnel.

M. MOUSSU, secrétaire.

M. HUMBERT, O. ✳, sénateur, professeur honoraire.
M. HUC, Conseiller à la Cour d'appel de Paris, professeur honoraire.
M. BRESSOLLES, G. ✳, professeur honoraire.

Président de la Thèse : M. PAGET.

Suffragants :
{ MM. CAMPISTRON.
{ ROUARD de CARD.
{ de BOËCK.

La Faculté n'entend approuver ni désapprouver les opinions particulières du candidat.

UNIVERSITÉ DE FRANCE. — FACULTÉ DE DROIT DE TOULOUSE

DROIT ROMAIN

DE LA

CONDITION JURIDIQUE DES AFFRANCHIS

A ROME

DROIT FRANÇAIS

DU RÉGIME LÉGAL

DES BUREAUX DE BIENFAISANCE

THÈSE POUR LE DOCTORAT

PRÉSENTÉE PAR

LOUIS SALVA

DOCTEUR EN MÉDECINE

PARIS

LIBRAIRIE NOUVELLE DE DROIT ET DE JURISPRUDENCE

ARTHUR ROUSSEAU, ÉDITEUR,

14, RUE SOUFFLOT, ET RUE TOULLIER, 13.

1888

DROIT ROMAIN

DE LA
CONDITION JURIDIQUE DES AFFRANCHIS
A ROME

PRÉLIMINAIRES

Dans les premiers temps de Rome, les affranchisse-ments furent assez rares, car les esclaves étaient peu nombreux. Mais, avec les conquêtes de l'Etat romain, qui s'étendirent de bonne heure à l'Italie entière puis au reste du monde connu, une foule innombrable de captifs fut jetée dans la capitale, et la masse des esclaves s'étant accrue dans une très large mesure, les affranchissements dûrent suivre la même progression. Quoi d'étonnant ? Les maîtres, dans l'impossibilité d'utiliser les bras de leurs esclaves, pouvaient se montrer aisément généreux.

Au surplus, cette générosité n'était souvent qu'apparente. Fréquents, en effet, étaient les cas où le maître vendait la liberté à son esclave moyennant un prix égal, quelquefois supérieur à sa valeur vénale. Même, en dehors de ces cas, l'affranchissement ne constituait jamais une perte sérieuse pour le maître, car, grâce aux *jura patronatus* et aux *operæ* il obtenait de son affranchi des services à peu près analogues à ceux qu'il pouvait exiger de l'esclave. D'ailleurs, l'intérêt des maîtres eût-il été lésé par l'affranchissement, nombreux auraient été ceux qui l'eussent volontiers sacrifié aux considérations de toutes sortes qui les poussaient à la *manumissio*. Les uns, obéissant aux sentiments les plus louables, conféraient la liberté en récompense d'une longue carrière de services et de dévouement. D'autres étaient guidés par un mobile moins noble mais non moins puissant, la vanité ; c'est ainsi qu'on vit des citoyens, donner en mourant la liberté à la masse de leurs esclaves, afin de traîner à leurs funérailles un plus nombreux cortège de nouveaux affranchis (1).

Les ambitieux cherchaient la popularité dans l'affranchissement. Pendant la guerre civile, on affranchissait pour se faire des créatures ; dans ce but, Sylla donna un jour la liberté à dix mille esclaves. Sous l'Empire, les grands affranchissaient afin d'entendre à leur réveil une foule d'adulateurs chantant leurs louanges. Que d'autres motifs avouables ou désavouables qui poussaient à l'af-

1. Denys d'Halicarnasse, 4, 24.

franchissement. Les énumérer tous est impossible. Il faudrait décomposer les sentiments si variés et si complexes qui peuvent naître dans l'âme humaine.

On comprend, d'après ce rapide tableau, combien devait être considérable le nombre des affranchis. Etudier le rôle qu'ils ont joué aux diverses époques de l'histoire romaine, la place qu'ils ont occupée dans l'organisation administrative, les relations qui existaient entre eux et leurs anciens maîtres ; exposer l'évolution qui s'est produite sur ces divers points, en rechercher les causes et les effets, c'est aborder l'un des plus graves problèmes qui se soient agités dans le monde romain. Cette étude est pleine d'attrait, aussi nous a-t-elle séduit, et c'est là la seule excuse que nous puissions faire valoir auprès de ceux qui nous reprocheraient d'avoir osé l'entreprendre.

INTRODUCTION

Au début de ce travail, il importe d'indiquer brièvement qui est affranchi.

D'après Justinien, sont affranchis ceux qui ont été libérés d'une servitude régulière, *justa servitute.* Par cette dernière expression, il faut entendre une servitude de droit par opposition à la servitude de fait. Ainsi, supposons un ingénu qui, victime d'une erreur ou d'un crime, a été pendant plus ou moins de temps *in servitute* et qui reçoit la liberté de son maître apparent; est-il affranchi? Nullement, car si, en fait, il a passé pour esclave, en droit, il n'a jamais cessé d'être libre.

De la définition posée par Justinien (1), il semble résulter : 1° que quiconque a la qualité d'affranchi a été esclave et, 2° que toute personne libérée d'une servitude légale est un affranchi.

Mais ces deux règles, exactes en général, comportent quelques dérogations.

A la première, il est fait exception par le S.-C. Claudien :

Tacite (2) rapporte que la femme qui vit *in contubernio*

1. Instit., pr. liv. I, tit. v.
2. Tacite. Annales, XII, 53.

avec un *servus alienus*, du consentemént du maître de cet esclave, est d'après ce S.-C., considérée comme affranchie quoiqu'elle n'ait jamais été esclave. Une constitution de Constantin (1) consacre une seconde dérogation relativement à l'enfant issu d'un *servus fiscalis* et d'une femme libre ; cet enfant naissait affranchi.

La seconde règle, d'api ès laquelle toute personne libérée d'une servitude légale est un affranchi, reçoit aussi quelques dérogations. La plus remarquable d'entre elles a lieu dans le cas où un esclave, devenu tel par la captivité, recouvre la liberté ; il n'est pas considéré comme affranchi, car, par l'effet du *jus postliminii*, il est réputé n'avoir jamais été esclave.

Mais, en dehors de ces cas exceptionnels et de quelques autres moins importants, on peut poser en règle générale que tout affranchi a été esclave et que tout esclave libéré de la servitude devient un affranchi.

Comment s'opère l'affranchissement.

On devient affranchi, sans manumission ou par manumission.

Les affranchissements sans manumission peuvent être rangés dans deux catégories : la première comprenant ceux qui ont lieu de plein droit ; la seconde, ceux pour lesquels un ordre du magistrat est nécessaire.

Voici quelques-uns des cas rentrant dans la première

1. L. 3, ad sct. Claud., C. Th., IV, 11.

catégorie : 1° d'après un édit de Claude (1), l'esclave abandonné par son maître *ob gravem infirmitatem* devient libre, de plein droit ; 2° si un esclave est aliéné sous la condition qu'il deviendra libre dans un délai déterminé et si, à l'expiration de ce délai, il n'est pas déjà affranchi, il acquiert la liberté de plein droit, en vertu d'une constitution de Marc-Aurèle (2) ; 3° est également affranchi, *ipso jure*, l'*ancilla* qui, ayant été aliénée sous la condition *ne prostituatur*, a été prostituée par l'acquéreur contrairement à la loi du contrat (3).

Parmi les cas qui appartiennent à la deuxième catégorie, nous citerons : 1° celui prévu par la loi 5, Dig. XL, 8. D'après ce texte, l'esclave qui a dénoncé le meurtre de son maître peut demander la liberté au magistrat ; 2° celui dont parle Ulpien dans la loi 4, § 1, Dig. XL, 1 : un esclave s'est fait acheter *suis nummis*, en d'autres termes, l'acheteur n'a rien déboursé ; celui-ci est, d'après une constitution de Marc-Aurèle, obligé d'affranchir cet esclave, et, au cas de refus de sa part, l'esclave s'adressera au magistrat, qui lui conférera la liberté ; 3° les nombreuses hypothèses où les magistrats octroyaient la liberté à des esclaves, à raison des services qu'ils avaient rendus à l'Etat (4).

Les affranchissements par manumission sont de beau-

---

1. L. 2, D. *qui sine man.*, XL, 8.
2. L. 1, D. *eod. tit.*
3. L. 6, § 1, D. *eod. tit.*
4. Cic., *pro Balbo*, 9. — Tite-Live, II, 5 ; **XXIV**, 14 à 16.

coup les plus nombreux et les plus importants ; ils constituent la règle générale. La manumission est l'acte par
lequel un maître, citoyen romain, (1) donne la liberté à
son esclave. Les conditions requises pour la validité de la
manumission ont profondément varié suivant les époques. Aussi, distinguerons-nous trois périodes : la première, celle de l'ancien droit, jusqu'en l'an 671 de Rome ;
la seconde, de l'an 671 de Rome jusqu'à Justinien, et la
troisième relative au droit de Justinien.

Première période.

Dans l'ancien droit, deux conditions sont nécessaires
pour que l'esclave acquière la liberté. Il faut : 1° que l'affranchissement émane d'un propriétaire *ex jure Quiritium* ;
2° que le maître manifeste sa volonté par l'un des trois
modes solennels suivants : le cens, la vindicte, le testament. L'esclave est affranchi *censu*, lorsqu'avec le consentement du maître, il s'est fait inscrire sur les registres du
cens. L'affranchissement vindicta consiste en un procès
fictif en revendication de la liberté ; il exige la présence
devant le magistrat, de l'esclave, du maître et d'un tiers,
assertor libertatis, qui représente l'esclave ; l'*assertor libertatis* prétend que l'esclave est libre, le maître interrogé
par le magistrat, ne contredit pas à cette prétention, et

---

1. Nous supposerons dans la suite de ce travail que le *manumissor* est c
toyen romain, non pas que la faculté d'affranchir fût refusée à tous les non
citoyens, mais parce que la condition des affranchis dont le patron est non
citoyen est réglée par le droit de ce patron, c'est-à-dire par un droit qui n'est
pas le droit romain et qui, à ce titre, est étranger à notre étude.

le magistrat déclare l'esclave libre. Enfin, le maître peut donner la liberté à son esclave par testament.

Ces deux conditions sont-elles remplies, l'esclave acquiert en même temps la liberté et la cité romaine. L'une de ces conditions fait-elle défaut, l'affranchissement est, en droit, réputé non avenu. Ainsi, est nul l'affranchissement émané d'un maître qui n'a sur l'esclave que la propriété bonitaire. Est également nul l'affranchissement fait par un *dominus ex jure Quiritium* qui n'a pas eu recours à l'un des trois modes solennels précédemment indiqués, quoiqu'il ait formellement manifesté sa volonté de donner la liberté à l'esclave. De ces deux nullités, la première n'est « qu'une application subtile et dure de la règle qui exige chez le *manumissor* un droit complet sur l'esclave (1). » Quant à la seconde, elle se justifie aisément : ainsi que nous venons de le dire, pendant cette première période, l'affranchi ne devient pas seulement libre, il devient aussi citoyen romain. Or, à l'origine, les Romains, dans le but de maintenir au titre de citoyen le prestige qui y était attaché, avaient cru devoir entourer l'admission à la cité d'un certain contrôle. Ce contrôle résultait de l'intervention indirecte du peuple dans les affranchissements. Dans le cens, le peuple était représenté par les censeurs, dans la vindicte, par le magistrat ; enfin, dans le testament, le peuple intervint directement tant qu'une *lex curiata* fut nécessaire pour la validité de cet acte ; plus tard, son in-

1. Accarias, Précis de droit romain, 4ᵉ édit. t. I, p. 125.

tervention ne fut plus que fictive, lorsque les trente curies furent remplacées par les trente licteurs.

Mais, si l'absence de ces deux conditions ou de l'une d'elles rendait l'affranchissement nul, s'ensuivait-il que le maître pût reprendre, à son gré, la liberté qu'il avait donnée, et exiger de celui qui en avait été l'objet tous les services inhérents à la puissance dominicale? Gaïus (1) nous apprend que le préteur intervenait pour protéger l'esclave contre les caprices du maître, et qu'il le maintenait, en fait, en liberté. La décision de Gaïus nous paraît s'appliquer aussi bien au cas où l'escla e a été affranchi par un propriétaire bonitaire qu'à celui ou le *dominus* n'a pas employé l'un des trois modes solennels. Sans doute, le jurisconsulte ne vise pas expressément ce dernier cas, mais la solution que nous proposons ne paraît pas douteuse, en présence des termes généraux dont il se sert.

La situation de ces *servi in libertate,* esclaves en droit, mais libres en fait, dont le nombre allait sans cesse croissant, était trop irrégulière pour pouvoir durer indéfiniment. Dans le but d'y mettre un terme, le Tribun Clodius proposa de conférer à ces *servi in libertate* tous les avantages de la *justa manumissio,* la liberté et la cité. Mais cette proposition, qui ne tendait à rien moins qu'à supprimer avec la solennité des modes, l'intervention du peuple dans les affranchissements, parut trop radicale .

1. Gaïus, III, 56.
2. Cicéron, *pro Milone,* 12.

Aussi ne fût-elle pas accueillie. L'idée de Clodius ne tarda pas cependant à être reprise et elle fut en partie consacrée par la loi *Junia Norbana* avec laquelle s'ouvre notre deuxième période.

Deuxième période.

Rendue en l'an 671 de Rome (1), sous le consulat de Norbanus, la loi *Junia Norbana* convertit la liberté de fait en liberté de droit, sans toutefois sacrifier les intérêts de la cité. Elle décida que les esclaves affranchis par un propriétaire bonitaire ou sans solennité deviendraient libres mais non citoyens. Ces affranchis furent appelés Latins Juniens; Latins, à cause de leur assimilation aux Latins coloniaires; Juniens, du nom de la loi qui les créait. Avec la loi *Ælia Sentia,* rendue sous Auguste, en l'an 757, apparut une troisième cause de latinité junienne et une nouvelle classe d'affranchis, les affranchis déditices. Etaient rangés dans cette dernière classe, tous ceux qui pendant leur servitude avaient subi une flétrissure. On les assimila aux *peregrini dedititii,* peuples vaincus qui s'étaient rendus à discrétion aux Romains ; d'où leur nom d'affranchis déditices.

Examinons rapidement les conditions requises pendant cette période pour qu'un esclave affranchi par un maître citoyen acquière tout à la fois la liberté et la cité. Ces conditions sont plus rigoureuses que dans l'ancien droit,

---

1. Nous pensons, quoique ce point soit très controversé, que elle est la date à laquelle il faut placer cette loi.

ce qui s'explique par le désir de restreindre les affranchissements dont le nombre excessif constituait un danger sérieux pour les institutions romaines.

Un esclave ne peut désormais devenir libre et citoyen que moyennant le concours des six conditions suivantes :

1° L'affranchissement ne doit pas être fait en fraude des droits des créanciers ou du patron (1).

2° Le maître doit être majeur de 20 ans (2).

3° L'esclave doit être majeur de 30 ans.

4° Le manumissor doit avoir sur l'esclave le *dominium ex jure quiritium*.

5° Il doit avoir recours à l'un des trois modes solennels (Cens, Vindicte ou Testament).

6° L'esclave ne doit pas avoir subi de flétrissure.

Quelle est la sanction de ces diverses prescriptions ?

La première condition établie par la loi *Ælia Sentia* est requise à peine de nullité de l'affranchissement.

La deuxième, introduite par la même loi, est également sanctionnée par la nullité. Toutefois le maître mineur de vingt ans peut conférer la liberté et la cité à son esclave pourvu qu'il ait de justes causes de l'affranchir, qu'il les fasse approuver par un conseil et qu'il ait recours à la *vindicta*. Ce conseil était composé, à Rome, de cinq sénateurs et de cinq chevaliers pubères, et, dans les provinces, de vingt *recuperatores*, citoyens romains. Ajoutons que l'esclave affranchi par un mineur de 20 ans n'est jamais

1. Gaius I, 37.
2. *Id.*, I, 38.

latin-junien ; ou il devient libre et, en même temps, citoyen romain, ou l'affranchissement est nul.

La troisième condition fait-elle défaut, l'affranchi acquiert la liberté, mais il n'est, depuis la loi *Ælia Sentia*, que latin-junien. Toutefois il devient citoyen romain si l'affranchissement a eu lieu *vindicta*, en vertu d'une juste cause approuvée par un conseil composé comme nous l'avons dit ci-dessus.

Le maître n'a-t-il que l'*in bonis* sur son esclave, il peut, depuis la loi *Junia Norbana*, l'affranchir valablement. Mais cet affranchi devient latin-junien.

De même, depuis la loi *Junia Norbana*, l'esclave n'acquiert que la liberté latine lorsque le *dominus* a manifesté sa volonté d'affranchir par un mode autre que le cens, la vindicte ou le testament.

Enfin, en l'absence de la dernière condition, l'esclave est affranchi déditice.

En résumé, pendant cette deuxième période, nous trouvons trois classes d'affranchis : les affranchis citoyens romains, les affranchis latins-juniens et les affranchis déditices.

Troisième période.

Sous Justinien, ces diverses catégories ont disparu. Il n'y en a plus qu'une seule, celle des affranchis citoyens romains. L'empereur de Constantinople rétablit ainsi l'unité primitive dans la situation des affranchis, mais il s'écarte singulièrement de l'ancien droit sous le rapport

des conditions exigées pour la validité de l'affranchissement. Dans le dernier état de la législation justinienne,
ces conditions peuvent se ramener aux quatre suivantes ;

1° Le maître doit être propriétaire. Il n'y a plus à distinguer entre le *dominium ex jure quiritium* et l'*in bonis*,
cette distinction ayant depuis longtemps disparu de la
pratique.

2° L'affranchissement ne doit pas être fait *in fraudem
creditorum*. Justinien ne s'occupe plus des affranchissements *in fraudem patroni*, probablement parce que cette
fraude était devenue à peu près impossible, par suite des
remaniements apportés dans la matière des *jura patronatus*.

3° Le maître doit avoir un certain âge, mais cet âge varie suivant que l'affranchissement est fait entre-vifs ou
par testament. Pour le premier, l'âge de 20 ans est maintenu ; le second est permis au maître âgé de 17 ans. Cette
innovation avait pour but de faire disparaître une
prétendue inconséquence de la loi *Ælia Sentia*, inconséquence qui en réalité n'existait pas. Mais les motifs de
cette réforme que Justinien expose avec sa pompe habi-
tuelle dans ses Institutes devait nécessairement l'amener
à abaisser cet âge à 14 ans. C'est ce qu'il fit par sa novelle
CIX. ch. II.

4° Il suffit que le maître manifeste sa volonté dans l'une
des nombreuses formes établies par Justinien ou ses pré-
décesseurs (1). Remarquons que le cens était depuis

1. Voir notamment L. Unic. C., *de lat. libert. toll.* VII, 6.

longtemps tombé en désuétude. Déjà, à l'époque d'Ulpien, ce mode d'affranchissement n'était plus pratiqué. C'est pourquoi ce jurisconsulte en parle à l'imparfait (1).

Nous connaissons maintenant les diverses classes d'affranchis qui ont existé aux différentes époques du droit romain, voyons quelle est la situation juridique des affranchis de chacune de ces classes. Suivant un ordre naturel, nous diviserons notre travail en trois parties. Dans une première partie nous nous occuperons de la condition des affranchis citoyens romains ; la seconde partie sera consacrée à l'étude de la condition des affranchis latins-juniens. Enfin, la troisième partie se référera aux affranchis déditices.

1. Ulp. *Reg*. Tit. **I**, § 8.

PREMIÈRE PARTIE

CONDITION DES AFFRANCHIS CITOYENS ROMAINS

Les textes du droit romain et les auteurs classiques se servent des deux mots *liberti* et *libertini* pour désigner les affranchis.

Ces deux expressions ne sont synonymes qu'en apparence ; chacune d'elles a, en effet, une signification propre. Le *libertinus* est opposé à l'*ingenuus*, pour exprimer le rôle de l'affranchi dans la société. Au *Patronus* on oppose le *Libertus* c'est-à-dire l'affranchi envisagé dans ses rapports avec celui dont il tient la liberté.

Ces deux points de vue bien différents nous fourniront la subdivision de notre première partie. Dans un Chapitre Ier nous nous occuperons du *libertinus*, en d'autres termes, de l'affranchi considéré comme membre de la société. Dans un Chapitre second, nous étudierons le *libertus*, l'affranchi dans ses rapports avec son patron.

———

CHAPITRE PREMIER

DE L'AFFRANCHI CONSIDÉRÉ COMME MEMBRE DE LA SOCIÉTÉ

Soit dans la sphère du droit public, soit dans la sphère du droit privé, l'affranchi est dans une situation notablement inférieure à celle de l'ingénu. Quoi de surprenant ? L'orgueil du vieux romain, soucieux de la dignité nationale, pouvait-il concéder à l'affranchi, dans l'ordre politique, les mêmes droits et les mêmes prérogatives qu'au citoyen ingénu ? Comment admettre que les anciens esclaves, indifférents à l'honneur et à la prospérité de l'Etat, pussent être admis à participer à son administration ? Dans l'ordre privé, les motifs de l'infériorité de l'affranchi apparaissaient encore avec plus de force.

Comment le patron, hier encore maître absolu de l'esclave, serait-il devenu le simple égal de l'affranchi ? Celui-ci ne portait-il pas toujours l'empreinte de sa tache originelle et indélébile ? C'est pourquoi, on considérait le lien de l'esclavage plutôt comme relâché que rompu. La puissance dominicale se survivait en quelque sorte à elle-même dans le patronat. Cette dépendance de l'affranchi à l'égard du patron ne blessait d'ailleurs en rien la justice et l'humanité, et c'est ce qui explique qu'elle

se soit maintenue à toutes les époques de la législation,
alors que l'infériorité politique des affranchis s'affaiblissait de jour en jour, à mesure que l'antique prestige attaché au titre de citoyen romain tendait à disparaître.

PREMIÈRE SECTION. — *Du droit public.*

Le droit public comprend notamment : 1° le *jus suffragii*; 2° le *jus honorum*; 3° le *jus militiæ*; 4° le *jus tributi*;
5 le droit criminel.

Recherchons la situation des affranchis citoyens romains par rapport à chacun de ces droits.

A. *Jus suffragii.*

Le *jus suffragii* est le droit de vote. Ce droit s'exerçait,
pour les lois, dans les comices par curies et par centuries;
pour les plébiscites, dans les comices par tribus. Quel
était le rôle que jouaient les affranchis dans ces comices?

Etaient-ils admis dans les comices par curies? Les
renseignements précis font défaut à cet égard. Quelques
auteurs pensent que, l'accès de ces comices étant exclusivement réservé aux patriciens, les affranchis devaient nécessairement en être exclus. D'après une seconde opinion
qui s'appuie sur un passage d'Aulu-Gelle (1), ces comices
auraient compris tous les hommes libres, et par conséquent, les affranchis. Quelle que soit l'opinion que l'on

1. Aul. Gell., XV, 27.

adopte, il importe peu, car, même en admettant que les affranchis figurassent dans les comices, ils ne devaient y jouer qu'un rôle bien effacé ; il n'est pas douteux en effet que. dans ces assemblées, la toute puissance appartenait aux patriciens.

Les renseignements positifs font également défaut pour déterminer d'une manière précise la place assignée aux affranchis dans les comices par centuries. Nous inclinons à penser avec la majorité des auteurs que, en théorie, ils avaient le droit de vote, mais que, en fait, ils ne l'exer-çaient presque jamais. On sait que, d'après la constitu-tion de Servius Tullius, la population fut répartie en classes et en centuries. La distinction des classes, au nombre de cinq, était basée uniquement sur la fortune relevée au cens. Le chiffre minimum du cens de chaque classe était, pour la première, de 100,000 as ; pour la deuxième de 75,000 ; pour la troisième de 50,000 ; pour la quatrième de 25,000 ; et pour la cinquième de 11,000, d'après Tite-Live, et de 12,500 d'après Denys d'Halicar-nasse. Quant à ceux dont la fortune était inférieure à 11,000 ou 12.500, et c'étaient les plus nombreux, ils n'é-taient pas classés. Les affranchis étaient-ils rangés dans l'une de ces cinq classes? Nous ne le pensons pas. En effet, il est certain qu'ils étaient exclus des légions. Or, ceux-là seuls, du moins à l'origine, qui étaient inscrits dans les classes, étaient compris dans les légions. Donc, les affranchis étaient en dehors des cinq classes, comme les *accensi,* les *proletarii* et les *capite censi.* Mais étaient-ils également exclus des comices par centuries? Les centuries organisées par Servius Tullius étaient au nombre de 193. Sur ce nombre, 188 correspondaient aux cinq classes dont nous venons de parler à raison de 98 centuries pour la première, 60 pour chacune des trois suivantes, et 30 pour la dernière. Il existait en outre quatre centuries dont deux d'ouvriers et deux de musiciens, et enfin une dernière centurie dans laquelle étaient rangés tous les non classés. Les affranchis, figurant parmi les non classés, appartenaient à cette dernière centurie. Ils avaient donc une place dans les comices centuriates. Il convient cependant d'ajouter qu'en fait ils n'étaient jamais appelés à voter. C'était là une conséquence de la manière dont on procédait. Chaque centurie disposait d'un suffrage, expression des voix de la majorité des membres composant la centurie. Pour que la proposition soumise aux comices fut adoptée, il suffisait qu'elle réunît la majorité, soit 97 suffrages. Dès que cette majorité était acquise, il devenait inutile de continuer le vote. Or, les centuries de la première classe votaient en première ligne; après elles, celles de la deuxième classe, puis successivement celles des autres classes, et enfin la centurie des non classés. Par suite de la communauté d'intérêts existant entre les membres des diverses classes, il arrivait fréquemment que les 98 centuries de la première constituaient à elles seules la majorité, et dès lors, les autres centuries n'exerçaient pas leur *jus suffragii*. Dans les cas où après le vote de la première classe la majorité n'avait pas été obtenue, l'appoint nécessaire pour former cette majorité était ordinairement fourni par la deuxième classe ; quelquefois cependant il y avait lieu de consulter la troisième classe ou même la quatrième, mais il n'est guère probable que la cinquième classe et à plus forte raison la dernière centurie ait été jamais appelée à émettre son vote. Nous avons donc justifié la proposition ci-dessus formulée, à savoir que, en fait, le *jus suffragii* conféré aux affranchis dans les comices par centuries était purement illusoire.

Arrivons aux comices par tribus. Ces comices dont il est impossible de déterminer exactement l'origine historique existaient certainement en l'an 280 de Rome ; à cette date en effet apparaît une loi portant que les tribuns jusque là nommés par les *comitia centuriata* seront désormais élus par les *comitia tributa*.

Les tribus furent d'abord de simples divisions par quartier, le domicile de chaque individu déterminant la tribu à laquelle il devait appartenir. Chaque affranchi faisait partie de la tribu du quartier où il était domicilié, et y exerçait son droit de vote dans la même mesure que l'ingénu. Mais, par suite du nombre sans cesse croissant des affranchis et de l'influence chaque jour plus considérable qu'ils acquéraient, les patriciens ne tardèrent pas à comprendre que leur prépondérance était sérieusement menacée. En vue de prévenir ce résultat dont leur orgueil s'accommodait mal, on modifia le caractère des tribus. De territoriales qu'elles étaient elles devinrent personnelles et les censeurs eurent plein pouvoir pour les composer à leur gré sans avoir à tenir compte du domicile des individus. Le nombre des tribus fut porté à 35, dont 31 rurales et 4 urbaines. Les tribus rurales furent composées exclusivement d'ingénus ; les affranchis furent placés dans les tribus urbaines. Cette modification eut pour résultat d'amoindrir singulièrement l'influence des affranchis ; en effet, les voix étaient comptées par tribus, d'où les affranchis ne pouvaient disposer que de 4 suffrages sur 35. Leur *jus suffragii* était donc à peu près annihilé.

Il y eut cependant quelques tentatives faites par les censeurs pour restituer aux affranchis un *jus suffragii* effectif. Ces tentatives n'avaient rien d'illégal, car la composition des tribus était, nous l'avons déjà dit, laissée au pouvoir discrétionnaire des censeurs ; mais les mœurs, à défaut de la loi, en empêchèrent la réalisation. En 442, Appius Claudius inscrivit les affranchis dans toutes les tribus sans distinction, les assimilant ainsi, au point de vue qui nous occupe, aux ingénus. Cette réforme était trop prématurée pour être de longue durée. Huit ans plus tard, en 450, les censeurs Fabius Rulianus et Decius Mus s'empressèrent de rejeter la *turba forensis* dans les tribus urbaines, et, d'après Tite-Live (1) cette mesure attira à Fabius une telle reconnaissance de la part des patriciens, que ceux-ci lui décernèrent le surnom de

____

1. Tite-Live, IX, 46.

Maximus que ne lui avaient pas valu ses nombreusse victoires sur les Samnites.

Vers la fin du vᵉ siècle de Rome, les affranchis réussirent de nouveau à se faire inscrire dans les tribus rurales. Ils n'y restèrent pas longtemps. En l'an 534, les censeurs Flaminius et Æmilius, s'inspirant de la politique de Fabius les reléguèrent dans les tribus urbaines. Toutefois, il paraît résulter d'un passage assez obscur de Tite-Live (1) que les affranchis ayant un fils âgé de plus de cinq ans ou possédant des terres d'une valeur supérieure à 30,000 sesterces furent maintenus dans les tribus rurales.

L'influence des affranchis, quoique déjà bien faible, fut encore diminuée par Tibérius Gracchus, le père des deux célèbres tribuns. Ils furent entassés dans l'une des quatre tribus urbaines désignée par le sort, la tribu Esquilina.

Dans les derniers temps de la République, la composition des tribus n'est plus laissée à l'arbitraire des censeurs, elle est réglée par voie législative; mais nous assistons aux mêmes fluctuations. En 638, fut rendue une loi Æmilia replaçant les affranchis dans les quatre tribus urbaines. Nouveaux efforts de la part de ceux-ci pour obtenir leur distribution dans toutes les tribus. Ces efforts faillirent aboutir, grâce à l'alliance conclue entre les affranchis et les Italiens qui demandaient eux aussi à sortir des huit dernières tribus rurales dans lesquelles ils avaient été

2. Tite-Live, XLV, 15.

groupés et à être répartis entre toutes les tribus. En 666,
le tribun Sulpicius Rufus fit voter une loi donnant satisfaction aux réclamations des Italiens et des affranchis,
mais cette loi fut abrogée par le Sénat. Trois ans plus
tard, la proposition de Sulpicius reprise par Cinna fut
adoptée et les affranchis se crurent enfin arrivés au but de
leur désir. Mais ils devaient perdre bientôt le fruit de
leur victoire. Après le retour de Sylla, une réaction se
produisit dans le sens aristocratique, et en 672, les
affranchis étaient replacés dans les tribus urbaines. En
691 et 696, de nouvelles tentatives furent faites en faveur de l'émancipation des affranchis ; elles n'aboutirent
pas davantage, et au moment de l'avènement de l'Empire,
le *jus suffragii* des affranchis n'était qu'une fiction.

La substitution du régime impérial au régime républicain s'opéra sans révolution apparente. Les institutions
républicaines furent conservées, au moins nominale-
ment. C'est ce qui explique que les comices par tribus
n'aient pas été expressément supprimés. Mais les Empereurs redoutaient leur indocilité et leur turbulence ;
aussi ne les convoquèrent-ils pas. Par suite, les citoyens
cessèrent de participer directement et effectivement à
l'exercice du pouvoir législatif. Ce pouvoir fut, en fait,
exercé par les empereurs. César Auguste n'osa pas, il est
vrai, s'intituler ouvertement le souverain législateur, et
c'est pourquoi « il se dissimula derrière le Sénat que
tout disposait à la plus basse obéissance » (1). Les nou-

1. Accarias, op. cit, I, p. 44.

velles règles du droit n'avaient de sénatus-consulte que le nom; en réalité, elles émanaient du prince et présentaient le véritable caractère de constitutions impériales. Lorsque le pouvoir se fut affermi, les successeurs d'Auguste n'eurent plus les mêmes scrupules; le peuple amolli ne songeait pas d'ailleurs à revendiquer ses droits naturels de souveraineté; dès lors, le subterfuge des sénatus-consulte devint inutile, et l'empereur put se proclamer, au grand jour, souverain législateur. Il ne saurait donc être question, sous l'empire, du *jus suffragii* des affranchis; les ingénus eux-mêmes n'exerçaient plus ce droit; tous, ingénus et affranchis, étaient égaux, écrasés sous le poids de la même oppression et du même despotisme.

Nous ajouterons que jusque vers la fin du VIe siècle de Rome, les fils et petit-fils d'affranchis furent placés sur la même ligne que ces derniers. Mais, en l'an 565, un plébiscite, rendu sur la proposition du tribun Terentius Culleo, assimila complètement sous le rapport du *jus suffragii* les fils et autres descendants d'affranchis aux ingénus.

B. *Jus honorum.*

C'est le droit de briguer et d'exercer les emplois publics. A l'origine, les affranchis n'avaient certainement pas le *jus honorum*; les plébéiens n'en jouissaient pas non plus, ce droit constituant le monopole des patriciens. Les lois Liciniæ Sextiæ, en 387 de Rome, déclarèrent le consulat accessible aux plébéiens et proclamèrent ainsi l'égalité politique entre les deux ordres. Mais elles n'apportèrent aucune amélioration à la situation des affranchis, et, pendant toute la République, la qualité d'ingénu fut la condition indispensable de la nomination aux emplois publics.

Dans les premières années de l'Empire, la même exclusion frappa les affranchis. En l'an 23 de l'ère chrétienne, apparaît une loi Vitellia édictant des peines sévères contre les affranchis qui, en vue d'obtenir les honneurs, essaient de se faire passer pour ingénus. Néanmoins, les historiens nous apprennent que de puissants affranchis, tels que Narcisse et Pallas, obtinrent les *ornamenta prætoria, ædilitia, quæstoria*. Il ne faut pas voir là une dérogation à la prohibition, car ces distinctions purement honorifiques conféraient seulement les insignes de la préture, de l'édilité et de la questure, et non les attributions correspondantes à ces diverses magistratures. La loi Vitellia était encore en vigueur au moment où Justinien monta sur le trône. Faut-il en conclure que jamais les *munera publica* ne furent exercés par d'anciens affranchis? Pareille conclusion serait démentie par les faits. Au sortir des guerres civiles, nous voyons l'affranchi Vintidius Bassus devenir consul après avoir été successivement tribun du peuple, préteur et souverain pontife. Suétone (1) nous apprend que, sous Claude, l'affranchi Félix fut nommé tribun de cohorte, puis préfet d'aile

____
1. Suét., *Claude*, 28.

de cavalerie, et enfin appelé au gouvernement de la Judée. Néron n'hésita pas à confier à un de ses affranchis, Polycletus, le commandement des légions envoyées contre la Bretagne (1). Pendant le voyage du même prince en Grèce, c'est à Hélius, un affranchi, qu'est laissée l'administration de Rome et de l'Italie. Sous Commode, l'affranchi Cléante est investi du commandement militaire de Rome. De tous ces exemples qu'il serait facile de multiplier, on pourrait être tenté d'induire que la prohibition de la loi Visellia fut souvent méconnue. Or, il n'en est rien. En effet, tous ces affranchis, avant d'arriver aux honneurs, avaient obtenu soit le *jus annulorum aureorum*, soit la *restitutio natalium*, dont l'effet était de conférer, au point de vue social, les prérogatives de l'ingénuité et de faire disparaître la tache originelle de l'esclavage. Ces deux bénéfices étaient, paraît-il, très facilement concédés. C'est pourquoi la prohibition de la loi Visellia ne fut jamais levée ; il était trop aisé de l'éluder pour qu'on cherchât à la violer.

Nous pouvons donc conclure que, jusqu'à Justinien, tout affranchi qui n'a pas été *assertus in ingenuitatem* c'est-à-dire appelé à l'ingénuité, est écarté des magistratures soit romaines, soit municipales. Cet empereur supprima l'infériorité sociale des affranchis et attacha de plein droit le bénéfice du *jus annulorum aureorum* à tout affranchissement (2).

1. Tacite, *Ann.* XIV, 34.
2. Nov. LXXVIII, cap. 1 et 2.

L'exclusion qui frappait les affranchis s'étendait aussi, au début, aux enfants et petits-enfants de l'affranchi. Mais, en 442, le censeur Appius Claudius innova en cette matière comme il l'avait fait relativement au *jus suffragii*, et il inscrivit sur la liste sénatoriale des descendants d'affranchis. Huit ans plus tard, Cneius Flavius, petit-fils d'affranchi, fut élevé à l'édilité curule, en récompense des services qu'il avait rendus aux plébéiens en divulguant les formules sacramentelles des *legis actiones* connues jusque là des patriciens seuls. Cette nomination produisit un scandale indescriptible. Tite-Live raconte que les sénateurs manifestèrent leur indignation en ôtant de leur doigt l'anneau d'or, les chevaliers en arrachant les ornements de leurs chevaux de guerre; et quand Flavius entra pour la première fois dans la maison de son collègue, personne ne se leva pour lui faire place (1). Ce fut là l'inauguration d'un nouvel état de choses, et, vers la fin de la République, toutes les magistratures étaient accessibles aux petits-fils d'affranchi.

Quant aux fils d'affranchis, ils furent jusqu'à l'Empire exclus des *munera publica*. En 505 de Rome, Claudius Pulcher, fils d'Appius Claudius, nomma à la dictature le fils d'un de ses affranchis, M. Claudius Glicia. Mais l'opposition soulevée par cette nomination fut telle que le nouvel élu se vit obligé d'abdiquer. Cicéron raconte qu'en 684 un sénateur fut rayé du Sénat parce qu'il était fils d'affranchi. Pendant les premières années de l'ère impé-

1. Tite-Live IX, 46.

riale, on voit encore se manifester la même répulsion à l'égard des fils d'affranchis ; ils sont toujours écartés du Sénat. Mais l'influence des idées égalitaires ne tarde pas à se faire sentir. Horace (1), fils d'un affranchi d'Arpinum, auquel on reproche sa basse extraction, se fait le défenseur des fils d'affranchis et proclame cette idée, depuis lors devenue banale, que le mérite se mesure d'après la noblesse des sentiments et non d'après les ancêtres. Sénèque (2) et Juvenal (3) mettent leur talent au service de la même cause. Sous l'impulsion de ce courant, les fils d'affranchis finissent par occuper dans la société romaine la place que les mœurs leur avaient jusque là refusée. Claude appelle au Sénat des fils d'affranchis ; la voie était désormais ouverte ; Néron et ses successeurs s'y engagèrent résolument.

C. *Jus militiæ.*

Dans les premiers temps de Rome, le service militaire était un droit et un honneur réservé aux patriciens. A partir de la Constitution de Servius Tullius, les cinq classes de centuries servirent de base au recrutement de l'armée ; d'où les plébéiens y furent compris ; mais les affranchis, qui étaient en dehors des cinq classes, en restèrent exclus au même titre que les *proletarii* et les *capite censi*. On les appelait toutefois en cas d'absolue

1. Horace, Sat. I, 6.
2. Sénèque, De Beneficiis, Liv. III, ch. XXVIII.
3. Juvénal. — Sat. VIII.

nécessité. C'est ainsi que, pendant la lutte de Rome contre les Samnites et les Etrusques coalisés, ils furent enrôlés. « *Nec ingenui modo aut juniores sacramento adacti sed seniorum etiam cohortes factæ libertinique centuriati* » (1). C'est ainsi encore que, après la défaite de Trasimène on fit appel à eux ; mais, d'après Tite-Live, on n'enrôla que les affranchis pères de famille, plus intéressés que les célibataires à la défense de la patrie. Marius eut également recours à leur aide dans ses guerres contre Jugurtha et les Cimbres (2) ; leur enrôlement n'était d'ailleurs que temporaire. Le danger passé, ils cessaient de faire partie des légions.

A toutes les époques, les affranchis ont été admis dans les armées de mer. Les Romains ont toujours considéré le service sur la flotte comme bien inférieur au service dans l'armée de terre et comme indigne d'un ingénu ; c'est pourquoi on refusait aux troupes de mer les aigles et les étendards qui personnifiaient la puissance de Rome. Les navires étaient montés par trois sortes de troupes : 1° les rameurs ; 2° les matelots chargés de la manœuvre des voiles ; 3° les soldats de marine. Les rameurs étaient recrutés parmi les esclaves ; les matelots et les soldats, parmi les alliés, les prolétaires, les habitants des colonies maritimes et les affranchis. Pendant les dernières années de la République, on voit quelquefois des affranchis à la tête des flottes ; ainsi, celle de Sextus

1. Tite-Live, X, 21.
2. Salluste, guerre de Jugurtha, LXXXVI.

Pompée était commandée par un affranchi du nom de
Mènas. Sous l'empire, le rôle de la marine se déve-
loppa ; néanmoins, elle resta placée au second rang
et ses équipages continuèrent à être recrutés parmi
les affranchis ; mais ceux-ci restent-ils incapables de
servir dans les troupes terrestres ? A partir d'Auguste,
l'armée de terre devient permanente et comprend trois
catégories de troupes : 1° les légions ; 2° les troupes auxiliaires ; 3° les milices de la capitale. L'accès des deux
premiers corps est toujours fermé aux affranchis, mais ils
peuvent faire partie des cohortes vigiles qui, avec les
cohortes prétoriennes et les cohortes urbaines, composent les milices de la capitale. Les vigiles étaient chargées de la police et du service des incendies; elles avaient
également pour mission de veiller à la garde des prisons,
des magasins et des bains publics.

Ce n'est que par exception que les affranchis étaient
appelés à combattre. D'après Suétone et Dion Cassius,
Auguste ne recourut à eux que dans deux cas : la première fois, pour défendre les colonies qui touchaient aux
frontières d'Illyrie et la deuxième fois, après la perte
des légions de Varus, pour protéger les rives du Rhin
contre une invasion de Germains. Sous Tibère, Tacite raconte qu'on forma un corps spécial composé de 4000 affranchis, chargé de combattre les bandes de brigands
qui ravageaient la Sardaigne ; ce corps suscite à l'histo-
rien la réflexion suivante : « *Si ob gravitatem cœli interis-
sent, vile damnum* », ce qui prouve en quelle médiocre
estime on tenait encore les affranchis.

Au Bas-Empire, le service militaire n'est plus un honneur, il est devenu une charge; l'armée se compose uniquement de populations barbares. Il est donc tout naturel que les affranchis puissent et doivent en faire partie. A l'époque ou Justinien monta sur le trône, l'incapacité des affranchis de servir dans les légions avait depuis longtemps disparu ; c'est ce qui explique le silence de l'empereur à cet égard.

Du Jus tributi.

A partir de Servius Tullius, les ingénus furent soumis au *tributum ex censu*, impôt direct établi d'après la fortune. Les affranchis n'étaient pas imposés suivant ce mode ; ils étaient taxés arbitrairement par les censeurs et soumis à la capitation personnelle, *tributum capitis* ; c'était à eux principalement que s'adressait l'État lorsqu'il avait à faire face à des dépenses extraordinaires. C'est ainsi que les seconds triumvirs obligèrent les fils d'affranchis à abandonner au fisc le quart de leur revenu et le quart de leurs immeubles fonciers. En outre, les affranchis étaient soumis à un impôt particulier, la *vicesima libertatis*, ainsi appelé parce qu'il consistait dans le vingtième de la valeur de l'esclave au moment de l'affranchissement. Établi en l'an 397 de Rome, par la loi Manlia, votée par le peuple, sur la proposition du consul Cn. Manlius Capitolinus, cet impôt a subsisté pendant toute la République et une partie de l'Empire. Il fut porté au double par Caracalla, mais ramené par Macrin à son taux primitif. Il est probable qu'il disparut à la même époque que la *vicesima hæreditatis*, c'est-à-dire sous Dioclétien.

Qui devait payer cet impôt? l'affranchi ou le manumissor ? — La question est vivement controversée. Nous pensons avec M. Vigié qu'il était à la charge de l'affranchi. « Dans le cas d'affranchissement entre-vifs, son pécule lui était laissé, à moins de volonté contraire du maître, et l'esclave trouvait ainsi dans son pécule de quoi payer l'impôt prélevé.

« Dans le cas d'affranchissement par testament, il n'en était pas de même : le pécule n'était retenu par l'esclave que tout autant qu'il lui était formellement légué ; et, dans ce cas, l'esclave trouvait dans son pécule de quoi faire face à l'impôt.

« Quelquefois le maître, poussant la générosité à ses dernières limites, donnait à l'esclave le pécule, et chargeait son héritier de payer la *vicesima*. Rudorff, dans sa restitution du testament de Dasumius, suppose que le testateur a fait cette générosité à ses esclaves affranchis. Le testateur obtenait le même résultat, en léguant à l'esclave sa libération de la *vicesima*, ou en léguant au fisc le montant de la *vicesima* (1). »

E. *Du droit criminel.*

En matière criminelle, l'affranchi était moins bien traité que l'ingénu :

____

1. Vigié. *Etudes sur les impôts indirects romains*, p. 7.

1° La torture employée comme moyen d'investigation n'était d'abord appliquée qu'aux esclaves. Plus tard, elle fut étendue aux hommes libres, mais ici encore apparait l'infériorité de l'affranchi. L'ingénu peut être mis à la torture comme accusé, jamais comme témoin ; l'affranchi peut, au contraire, y être soumis dans ce dernier cas, à moins qu'il ne témoigne contre son patron (1).

2° La distinction entre les *honestiores* et les *humiliores* se faisait sentir, même en matière répressive. Partant de cette idée que l'offense faite aux lois est d'autant plus grave que plus humble est la condition de l'agent, on avait, à égalité de crime, édicté des peines différentes, suivant que l'auteur était *honestior* ou *humilior*. Or, cette dernière qualification était celle de l'affranchi. A ce titre, il pouvait être battu de verges, mis en croix, attaché sur le bûcher, exposé aux bêtes, toutes peines jugées trop infâmantes pour des ingénus.

3° Le droit d'accusation constitua pendant toute la durée du régime républicain une sorte de fonction publique ; c'est-à-dire qu'il ne devait pas, en principe, appartenir aux affranchis. Cependant, on admit, de bonne heure, une exception dans le cas où l'affranchi poursuivait la réparation d'un dommage ou d'une injure personnelle. Plus tard, en vertu de nouvelles exceptions, on autorisa l'affranchi à intenter une action publique lorsqu'il était père d'un enfant mâle ou lorsqu'il possédait une fortune de 30,000 sesterces au moins (2).

1. L. 1 § 9, D., de quœst. XLVIII, 18.
2. Collat. Leg. Mos. tit. IV, cap. iv et v.   3

IIe Section. — *Du droit privé*.

Au point de vue du *jus commercii* ou droit d'acquérir et de transmettre par les modes du *jus civile*, l'affranchi citoyen romain est l'égal de l'ingénu. Il est donc capable d'avoir le *dominium ex jure quiritium*, de participer soit comme contractant, soit comme témoin aux opérations de la *mancipatio* ou de l'*in jure cessio* ; il est apte à s'obliger ou à obliger envers lui par stipulation, dans la forme *spondesne ? Spondeo*, ou par le contrat *litteris*. Il peut jouer le rôle de témoin dans un testament, il a la *factio testamenti* c'est-à-dire le droit de disposer de ses biens par testament sauf certaines restrictions que nous étudierons plus tard, et le droit d'être institué héritier ; il a également le *jus capiendi* ou capacité de recueillir le bénéfice d'une disposition testamentaire.

Relativement au *connubium*, l'affranchi a toujours été dans une situation inférieure à celle de l'ingénu. Pendant toute la République, il fut privé de la capacité de contracter des justes noces avec une ingénue; aussi fallut-il une décision formelle du sénat pour permettre à l'affranchie Hispana Fecennia, dénonciatrice des bacchanales, d'épouser un ingénu (1). Cette prohibition disparut avec les lois Julia et Papia Poppœa « sans doute parce que ces lois attachant de graves déchéances au célibat devaient tout au moins

1. Tite-Liv. XXXIX, 19.

faciliter les mariages, afin de ne pas multiplier l'application de ces déchéances (1). »

Auguste, désireux de maintenir intacte la dignité de la classe aristocratique et particulièrement du Sénat, décida par ces mêmes lois que le mariage continuerait à être défendu, d'une part entre les affranchies et les sénateurs ou leurs descendants *per masculos* et d'autre part entre les affranchis et les filles ou petites filles de sénateurs (2). Les unions contractées au mépris de ces prohibitions furent certainement frappées de nullité, à partir de Marc-Aurèle (3). Mais avant le S.-C. de cet empereur, visé par Paul dans le texte précité, en était-il ainsi ? Quelques commentateurs partisans de la négative ont soutenu que la violation de ces règles n'entraînait pas la nullité du mariage, mais le privaient seulement de certains effets spéciaux. A l'appui de cette opinion, on invoque le paragraphe 2, titre XVI, des Règles d'Ulpien, d'après lequel les époux mariés contrairement aux lois caducaires ne peuvent recevoir aucune libéralité l'un de l'autre. Or, dit-on, Ulpien suppose nécessairement la validité du mariage, sans quoi il aurait exprimé une idée naïve à force d'évidence, à savoir que deux personnes non mariées ne jouissent pas des avantages du mariage. Enfin, ajoute-t-on, Paul dans la loi 16 pr. D XXIII, 2, se sert de termes qui ne laissent aucune équivoque sur la portée du S.-C. de Marc-

1. Accarias, *op. cit.* I, p. 218.
2. L. 44 pr. D. *de rit. Nupt.* XXIII, 2.
3. L. 16 pr. *eod. tit.*

Aurèle : « *Oratione Divi Marci cavetur ut...* » Ce S-.C.
consacre, à n'en pas douter, une innovation, c'est donc
que, avant cet empereur, l'inobservation des lois caducaires n'entraînait pas la nullité du mariage.

Ce raisonnement ne nous a pas convaincu. Pour répondre au premier argument tiré des règles d'Ulpien, il n'est
pas besoin, croyons-nous, de se livrer aux suppositions de
M. Accarias (1). La pensée du jurisconsulte romain se dé-
gage très-nettement du texte. Examinant l'hypothèse où
un mariage est contracté au mépris des lois Julia et P.
Poppœa, Ulpien se demande ce que vaudront les libéralités par acte de dernière volonté qu'ont pu se faire les
prétendus époux. Elles sont nulles, dit-il ; pourquoi ? la
raison en est bien simple : parce que le mariage est nul.
Ulpien mérite-t-il le reproche de naïveté que lui adressent
les partisans de la première opinion ? Nous ne le pensons
pas, alors surtout que ce texte est tiré d'un livre élémentaire où l'auteur se proposait de mettre en relief tous les
principes, même les moins contestables. D'ailleurs la pensée du jurisconsulte ne saurait être douteuse en présence
de la loi 27, D. XXIII, 2. Dans ce fragment, il prévoit
l'hypothèse où un sénateur épouse une affranchie et il
déclare qu'il n'y a pas justes noces tant que ce sénateur
n'a pas perdu sa dignité. La même solution est contenue
dans la loi 31 *eod. tit.* Vainement objecterait-on qu'Ulpien exprime l'état du droit en vigueur au moment où il

_____

1. Accarias, *op. cit.* I, p. 219, note 3.

écrivait ; l'objection serait sans portée, car le titre de l'ouvrage auquel ces deux fragments ont été empruntés indique bien que le jurisconsulte se place uniquement à l'époque et sous l'empire des lois Julia et P. Poppœa.

Quant à l'argument tiré du S.-C. de Marc-Aurèle, il n'est pas non plus concluant. Ce S.-C. est un de ces actes confirmatifs comme il en intervenait souvent à Rome, ayant pour but de vivifier des dispositions peut-être peu appliquées et qui menaçaient de tomber en désuétude.

Au surplus, il est facile d'établir directement et péremptoirement que la nullité des mariages dont nous nous occupons avait été établie par les lois caducaires : 1° c'est ce qui résulte tout d'abord des termes impératifs dans lesquels les prohibitions de la loi Julia sont formulées (1) ; 2° elles apparaissent comme un reste de l'ancienne prohibition entre ingénus et affranchis qui était certainement sanctionnée par la nullité ; 3° enfin, Justinien est formel en ce sens. Dans sa constitution 28, au Code, Liv. V, tit. 4, il affirme que la loi Papia refusait le *connubium* aux sénateurs avec les affranchies : « *Lex Papia inter senatores et libertas stare connubia non patitur* » et il ajoute que, en vertu de cette même loi, l'élévation d'un citoyen à la dignité de sénateur dissolvait le mariage que ce citoyen avait contracté avec une affranchie. Dans la suite de la constitution, Justinien nous apprend que pour des raisons d'humanité il supprime cette dure mais logique conséquence de la prohibition.

1. L. 44, pr. D. *De rit. nupt.* XXIII, 2.

Il nous paraît donc bien certain que les lois Julia et P. Papia frappaient de nullité les mariages contractés en violation de leurs dispositions.

Du reste cette prohibition pouvait être levée par un rescrit du prince (1).

Justinien permit aux sénateurs de contracter une union légitime avec n'importe quelles personnes, à condition d'en dresser un contrat par écrit (2). Ce contrat n'était pas nécessaire pour valider les unions entre affranchies et sénateurs ; il accompagnait tous les mariages des *illustres*.

Au point de vue du *jus liberorum*, l'affranchi était aussi dans une situation inférieure à celle de l'ingénu. Au *jus liberorum* étaient attachés de nombreux privilèges dont voici les principaux : celui qui avait un certain nombre d'enfants pouvait s'excuser de la tutelle, de la curatelle et plus généralement des charges publiques (3). D'après les lois caducaires, le *jus liberorum* affranchissait les femmes pubères de toute tutelle (4). Il permettait d'échapper aux déchéances établies par ces mêmes lois. En vertu du S.-C Tertullien, le *jus liberorum* conférait à la mère le droit de venir à la succession de ses enfants morts intestats.

Le nombre d'enfants exigé pour pouvoir invoquer les avantages du *jus liberorum* variait suivant les cas ; mais

---

1. L. 31, D., *de ritu nupt*. XXIII, 2,
2. Nov. CXVII, cap. 6.
3. Instit. pr., liv. I, tit. xxv.
4. Gaius, I, 194. III, 44.

l'affranchi était toujours moins bien traité que l'ingénu en ce que, toutes choses égales d'ailleurs, il devait avoir un enfant de plus que ce dernier pour obtenir les mêmes privilèges.

CHAPITRE DEUXIÈME

Aux relations qui existaient entre le maître et l'esclave, l'affranchissement en substituait de nouvelles, celles de patron à affranchi : ces relations ont pour base l'assimilation du patron à un père dont l'affranchi serait le fils. L'exactitude de cette assimilation résulte de nombreux textes, notamment de la rubrique du Titre XV, Liv. XXXVII, au Digeste, *de obsequiis parentibus et patronis præstandis* et des lois 2 et 9, au même titre. Ce rapprochement n'a d'ailleurs rien d'étonnant. L'esclavage était comparé à la mort, l'affranchissement devait donc tout naturellement être comparé à la procréation : « L'esclave devenu libre tient de son maître non pas l'existence physique mais la vie civile. Chose tout à l'heure, il est devenu homme par le bienfait de la liberté ; en ce sens il est l'œuvre du patron (1). » Par application de cette idée, l'affranchi faisait partie de la *familia* du patron ; il prenait le nom de son ancien maître, il avait la même *origo*, le même domicile, les mêmes *jura sepulchri*.

1. Accarias, *op. cit.* I, p. 148.

Ces relations entre patrons et affranchis étaient presque toutes à l'avantage des patrons. Toutefois, ceux-ci étaient soumis à quelques obligations à l'égard de leurs affranchis :

1° La loi Ælia Sentia enjoignait au maître de nourrir son affranchi indigent, et Modestin nous dit en quoi consistait la sanction de cette obligation (1). Le patron qui refuse des aliments à son affranchi, porte la loi 33, sera privé lui et ses ayants-cause, des services imposés à raison de la concession de la liberté (c'est-à-dire des *operæ*) ; de même, il est exclu de l'hérédité de l'affranchi à moins qu'il n'ait été institué héritier par cet affranchi ; les diverses *bonorum possessiones* lui sont également refusées à l'exception de la *bonorum possessio secundum tabulas*. Marcien (2) vise un rescrit postérieur à la loi Ælia Sentia duquel il est permis d'induire que le patron perdait, non seulement le droit aux *operæ* et à la succession, mais aussi le droit à la tutelle et à l'*obsequium* : *jus patroni perdit*, dit le jurisconsulte. Cette expression ne se réfère-t-elle pas à tous les *jura patronatus?*

2° Le patron qui intentait une accusation capitale contre son affranchi (3) ou qui témoignait contre lui dans une affaire criminelle (4) était exclu de la *bon. possess. contra tabulas* ;

1. L. 6, pr. D. *de agn et al.lib.*XXV, 3.—L. 33, *de bon. lib.* XXXVIII. 2,
2. L. 5, § 1, D. *de jure pahon.*, XXXVII, 14.
3. L. 10, D. *eod. tit.*
4. L. 14, § 5, D. *de bon. lib.* XXXVIII, 2,

3⁰ Le patron ne devait pas laisser impuni le meurtre de son affranchi ; manquait-il à ce devoir, la *bonorum possessio contrà tabulas* lui était refusée (1).

Il faut reconnaître que ces devoirs imposés au patron étaient fort peu rigoureux et constituaient moins des obligations que la privation dans certains cas particuliers de tout ou partie des prérogatives attribuées au *manumissor*. Aussi peut-on dire, sans être taxé d'exagération, que le patronat avait été établi uniquement dans l'intérêt des patrons.

Quels étaient les droits que l'affranchissement conférait au patron ? c'est ce que nous allons rechercher.

Ces droits peuvent être rangés dans deux catégories : la première comprenant ceux qui sont la conséquence naturelle de la *manumissio* ; la seconde, ceux résultant des conventions qui ont pu intervenir entre le patron et l'affranchi. Il y a donc des droits établis par la loi et des droits établis par la convention. L'étude de chacune de ces catégories fera l'objet d'une section spéciale.

Section I. *Des droits établis par la Loi.*

L'ensemble de ces droits constitue ce que les jurisconsultes romains appellent les *jura patronatus*. Ils consistent dans : 1⁰ l'*Obsequium* ou *reverentia,* droit à une certaine déférence ; 2⁰ le droit à la succession de l'affranchi ; 3⁰ le droit à la tutelle de l'affranchi.

1. L. 37, § 1, D. *de bon. libert.*, XXXVIII, 2.

Les *jura patronatus* appartiennent, en principe, à tout patron ; cependant à cette règle avait été apportée une exception. D'après la Constit. 1, au Code, Liv. VI, Tit. 4, lorsqu'un esclave a été acheté *suis nummis*, puis affranchi par l'acheteur, il ne doit pas à ce dernier les *jura patronatus*. La raison en est que cet affranchi n'est redevable à l'acheteur d'aucun bienfait ; car si celui-ci s'était refusé à l'affranchir, l'esclave se serait adressé au magistrat, qui lui aurait conféré la liberté, auquel cas il n'aurait pas eu de patron.

A l'inverse, il existait une hypothèse ou un citoyen romain pouvait acquérir les *jura patronatus* indépendamment de tout affranchissement. Cette hypothèse est celle de la loi 3 § 4. D Liv. XXXVIII, tit. 16.

En dehors de ces deux cas exceptionnels, il est vrai de dire que les *jura patronatus* étaient dûs à tout *manumissor* et rien qu'au *manumissor*. La mort de ce dernier n'entraînait pas leur extinction ; comme tous les droits de famille, ils se transmettaient aux enfants de celui-ci suivant certaines règles que nous étudierons plus tard.

Pendant la vie du *manumissor* ils s'éteignaient par la *capitis deminutio* encourue par le patron de l'affranchi. La *reverentia* continuait cependant d'être due au patron, pourvu qu'il n'eût perdu ni la liberté, ni le droit de cité. Pareillement, la *capitis deminutio* subie par l'un des descendants du patron ou de l'affranchi faisait disparaître ce qui pouvait subsister de ces droits en sa faveur où à sa charge.

Sauf le cas de *capitis deminutio*, le patron ne pouvait être dépouillé malgré lui des *jura patronatus* ; c'est ce qui explique que la *restitutio natalium* dont l'effet était d'éteindre tous les droits du patron fût subordonnée au consentement exprès du *manumissor* ou de ses enfants. C'est ce qui explique également une disposition du S. C. Claudien dont parle Paul (1). Le jurisconsulte prévoit l'hypothèse où une affanchie entretient, à l'insu de son patron, des relations avec l'esclave d'autrui et y persiste malgré trois dénonciations à elle faites par le maître de cet esclave. D'après le S. C. elle aurait dû perdre la liberté, au profit de ce maître. Mais comme le patron ne pouvait pas être dépouillé malgré lui des *jura patronatus*, le S. C. cessait de recevoir son application et cette *liberta* tombait sous la *potestas dominica* de son patron. C'est enfin ce qui explique que l'affranchi ne pouvait pas se donner en adrogation à un tiers sans le consentement du patron (2).

Étudions maintenant, dans trois paragraphes successifs, l'*Obsequium*, les droits à la succession et les droits à la tutelle de l'affranchi. Dans un appendice nous nous occuperons de la transmission des *jura patronatus*.

§ 1. *De l'Obsequium.*

L'*Obsequium* envers le patron entraîne pour l'affranchi quelques devoirs positifs et de nombreux devoirs négatifs.

1. Paul, Senten. II, xxi A § 7.
2. L. 15, § 3. D,, *De adopt.* 1, 7.

1° L'affranchi doit, en toute circonstance, à son patron ces marques de déférence que la reconnaissance impose à tout obligé à l'égard de son bienfaiteur.

2° Dans les cas où il est appelé à la tutelle ou à la curatelle des enfants du patron, il n'est pas admis à invoquer les excuses qui permettent aux ingénus de se dérober à ces charges (1).

3° Il doit, dans la mesure de ses moyens, des aliments au patron et aux enfants du patron tombés dans l'indigence ; il en doit même, dans certains cas, au père et à la mère du patron (2).

Les devoirs négatifs de l'affranchi sont fort nombreux. Voici les principaux :

1° Il ne peut ni intenter une accusation publique contre son patron, ni témoigner contre lui dans une affaire criminelle ;

2° En matière civile, il ne peut exercer aucune poursuite de nature à entraîner une condamnation infamante contre le patron ou à porter une atteinte même minime à sa considération et à son honneur. D'où, sont refusés à l'affranchi toutes actions, exceptions ou interdits dans lesquels figurent l'un de mots *Dolus, vis, fraus, metus* (3). Cependant le préteur peut, *cognitâ causâ,* s'écarter de cette règle, notamment dans le cas où le patron s'est rendu coupable d'une *gravissima injuria* ou a infligé à son

---

1. L. 5, C., *de excus. tut. vel cur.* V, 7. — Fr. Vat.. §§ 152, 160.
2. L. 5, § 18 et suiv. D. *de agn. vel alend. lib.* XXV, 3.
3. L. 5, § 1. L. 6. L. 7 pr. et § 2 D. *de obsequiis* XXXVII, 15.

affranchi des châtiments trop rigoureux (1). L'injure n'est *gravissima* et ne peut servir de base à l'*actio injuriarum* qu'autant qu'elle est *atrox, servilis* (2).

Quant aux actions *non famosæ*, l'affranchi ne peut les intenter soit contre le patron, soit contre les ascendants ou descendants du patron qu'avec l'autorisation du préteur. Négligeait-il de se munir de cette autorisation, le patron avait contre lui une action *pœnalis in factum* dont Gaius (3) nous a conservé la formule « *Recuperatores sunto. Si paret illum patronum ab illo liberto contra edictum illius prætoris in jus vocatum esse, recuperatores illum libertum illi patrono sestertium X millia condemnanto ; si non paret, absolvunto.* » A l'époque de Paul et d'Ulpien, le montant de la condamnation était de 50 *aurei* (4).

D'ailleurs, même dans le cas où le préteur avait autorisé l'affranchi à citer le patron en justice, celui-ci pouvait opposer l'exception *quatenus facere potest*, grâce à laquelle il n'était condamné que dans la limite de ses moyens (5).

3° Avant Auguste, le patron pouvait épouser son affranchie malgré elle ; à partir de cet empereur il n'en est ainsi que lorsque telle a été la condition de l'affranchissement (6). Toutefois, de la vieille règle subsistent

1. L. 10, *de in jus voc.* § 12. D. II, 4.
2. L. 7, § 2. D. *de injuriis* XLVII, 10.
3. Gaïus, IV, 46.
4. LL. 11 et 24. D. *de in jus voc.* II, 4.
5. L. 7, § 1. D. *de obsequiis* XXXVII, 15.
6. LL. 28 et 29. D., *De rit. nupt.* XXIII, 2.

quelques débris ; l'affranchie,épouse ou concubine de son patron, qui divorce ou se sépare de lui, perd,dans le premier cas, le droit de s'unir soit en justes noces, soit en concubinat, avec un autre homme sans le consentement exprès ou tacite du patron (1).

4° L'affranchi qui tue le patron qu'il a surpris en adultère avec sa femme encourt une répression, bien que le meurtre ait été commis dans des circonstances qui eussent assuré l'impunité à un mari ingénu (2).

On voit, d'après cette énumération, combien étaient nombreuses et rigoureuses les conséquences du devoir d'*obsequium*. Toutefois, elles n'étaient pas illimitées. On avait posé à Scœvola la question de savoir si un patron pouvait interdire à son affranchi d'exercer dans la même ville le même commerce que lui ; le jurisconsulte se prononce pour la négative (3). Papinien est du même avis (4). C'est que, en effet,le respect dû au patron n'allait pas jusqu'à obliger l'affranchi à se soumettre à tous les caprices et à toutes les fantaisies de son ancien maître.

De la sanction des obligations résultant de l'obsequium. — Pendant longtemps le droit de correction fut entre les mains du patron une arme suffisante ; mais, au début de l'empire, soit par suite des abus qui se produisirent,soit par suite de la propagation des idées égalitaires, les affranchis firent de nombreuses tentatives pour secouer le

1. L. 51 pr. D. *de rit. nupt.* XXIII, 2. — LL. 10 et 11. D. *de divort. et repud.* XXIV, 2. —.L. I. pr. D. *de concub.* XXV.7.
2. L. 38, § 9. D. *ad leg. jul. de adult.* XLVIII, 5.
3. L. 18. D. *de jure patr.* XXXVII, 14.—L. 45, D. *de op. libert.*XXXVIII,1.
4. L. 11. D. *de obs. par.,* XXXVII, 15.

joug du patronat. Sans doute, quelques anciens esclaves continuent à fournir de remarquables exemples d'attachement à leurs maîtres. Suétone (1) nous parle d'un affranchi T. Vinius Philopœmen qui avait sauvé la vie à son patron proscrit par les triumvirs et qui, en récompense, fut élevé par Auguste à la dignité de chevalier. Il cite également le dévouement d'une suivante qui, mise à la torture, se refuse à révéler le crime commis par son patron (2). Tacite raconte aussi le beau trait d'un certain Octavius qui, pour sauver son maître se déclara coupable du crime dont celui-ci était l'auteur. Mais ces exemples étaient rares, et l'oubli des devoirs de l'*obsequium* suggérait aux patrons de vives plaintes dont les historiens se sont faits les échos :

> Sed ita pars libertinorum est, nisi patrono qui adversatus est
> Nec satis liber sibi videtur nec satis frugi, nec satis honestus
> Ni id efficit, ni ei maledixit, ni grato ingratus repertus est (3).

Aussi sentit-on le besoin de sanctionner légalement les obligations dérivant de l'*obsequium*. Tel fut l'un des objets de la loi Ælia Sentia. Cette loi, tout en respectant le principe d'après lequel la liberté une fois acquise est irrévocable, édicta certaines peines contre le *libertus ingratus*. Celui-ci pouvait être condamné à la relégation au-delà de la XX⁰ borne sur la frontière de la Campanie (4) ou même envoyé

1. Suet. *Auguste*, 27.
2. *Id., Caligula*, 16.
3. Plaute, *Persan*, vers 824.
4. Tacite, *Ann.* XIII, 26.

dans les carrières, *in lautumias* (1). Claude recourut à des mesures plus énergiques ; il décida que l'affranchi qui, par une action en justice, mettrait en question l'état de son patron, retomberait sous l'esclavage de ce dernier (2).

Sous Néron, quelques sénateurs étaient d'avis de généraliser la décision de Claude et d'admettre en principe la révocation de l'affranchissement pour cause d'ingratitude ; mais le Sénat n'osa pas se prononcer sur une aussi grave réforme, et, à la suite d'une discussion solennelle reproduite par Tacite (3) la proposition fut renvoyée au conseil du prince et rejetée par cette assemblée. Il fut seulement décidé que le Sénat statuerait, en fait, sur les plaintes des patrons.

La réforme proposée au Sénat, sous Néron, ne fut acceptée que par Commode, dans une constitution dont Modestin nous a conservé les termes (4). D'après cette constitution qui resta en vigueur jusqu'à Constantin, la révocation de l'affranchissement n'avait lieu que pour les faits les plus graves. D'autre part, il résulte de la constitut. 1, au Code, Liv. VI, Tit. 7, que celui-là seul pouvait accuser son affranchi d'ingratitude, qui lui avait donné la liberté spontanément. Si, en effet, le maître s'est borné à exécuter une obligation, par exemple en affranchissant *ex causa fideicommissi*, ce n'est pas à lui que l'affranchi

1. Sentences d'Adrien, § 3.
2. L. 5, D. *De jure patronatus* XXXVII, 14. — Suet. *Claude*, 25.
3. Tacite, *Ann.* XIII, 26, 27.
4. L. 6, § 1. D. *De agnosc. vel alend.* XXV, 3.

est redevable du bienfait de la liberté. Cette règle déjà ancienne, ainsi qu'il résulte des termes de la constitution d'Antonin, a dû être toujours observée, car elle est conforme à la raison.

Constantin se montra plus rigoureux que Commode envers les affranchis. Dans une constitution (1) de l'an 319, il décida qu'une légère offense suffirait pour motiver la révocation de l'affranchissement et que l'affranchi ainsi retombé en esclavage ne pourrait arriver à la cité qu'après une demande favorablement accueillie par le prince. Enfin, les empereurs Honorius et Théodose étendirent la révocation de l'affranchissement au cas d'ingratitude de l'affranchi envers les héritiers du patron ou des enfants de l'affranchi envers le patron (2).

Sous Justinien, les affranchissements sont toujours révocables pour cause d'ingratitude; mais à quelles conditions est subordonnée cette révocation, quels doivent être les caractères de l'ingratitude? autant de points sur lesquels Justinien a gardé un silence regrettable.

A partir de la constitution de Commode, la révocation de l'affranchissement fut-elle la seule sanction des obligations résultant de l'*obsequium*? Nous ne le pensons pas. En effet, Ulpien et Modestin, postérieurs tous deux à cet empereur, nous parlent, comme étant toujours en vigueur, de certaines peines qui pouvaient être encourues par les affranchis coupables d'ingratitude. Ces peines prononcées

1. L. 2, C. VI, 7.
2. LL. 3 et 4, C., *eod. tit.*

par le *præfectus urbi* à Rome, et par les *præsides*, dans les provinces, variaient suivant la gravité du fait incriminé. Grâce à deux textes d'Ulpien, il est facile de reconstituer l'échelle des fautes et des châtiments :

L'affranchi est-il *inofficiosus*, le juge le réprimande et peut même le condamner aux verges, surtout en cas de récidive (1) ;

L'affranchi a-t-il outragé ou injurié le patron, la peine édictée est celle de l'exil temporaire (2) ;

A-t-il porté la main sur le patron, l'a-t-il calomnié, dénoncé, ou a-t-il conspiré avec ses ennemis pour lui nuire, il est condamné *ad metallum* (3) ;

En résumé, depuis la constitution de Commode, le patron qui a des griefs sérieux contre son affranchi peut opter entre la révocation de l'affranchissement et l'application des peines que nous venons d'énumérer.

§ 2. *Des droits du patron à la succession de l'affranchi citoyen romain.*

Ces droits ont varié suivant les époques. Organisés par la loi des XII Tables, ils ont été d'abord modifiés par le préteur, puis par la loi Papia Poppœa, enfin par Justinien. Examinons successivement chacun de ces systèmes de législation :

A. *De la succession des affranchis d'après la loi des XII Tables.*

Nous envisagerons les quatre hypothèses suivantes :

1. L. I, D. *De jure patronatus* XXXVII, 14.
2. Ibid.
3. Ibid.

1° affranchissement d'un homme par un homme; 2° affranchissement d'une femme par un homme ; 3° affranchissement d'un homme par une femme; 4° affranchissement d'une femme par une femme.

Première hypothèse. — Affranchissement d'un homme par un homme. — Sous l'empire de la loi des XII Tables, l'affranchi est entièrement libre de disposer de ses biens par testament, au profit de n'importe qui ; d'où, le patron peut être institué pour tout ou partie de l'hérédité de l'affranchi, comme aussi il peut être omis sans être recevable à se plaindre de cette omission (1).

L'affranchi meurt-il intestat, sa succession est dévolue en première ligne à ses héritiers siens, c'est-à-dire : 1° à ses enfants au premier degré ou descendants ultérieurs par *masculos*, issus de justes noces et non sortis de la famille ; 2° à ses enfants adoptifs ou adrogés; 3° à sa femme *in manu*.

En l'absence d'héritiers siens, il ne pouvait être question d'appeler les agnats qui occupent le second rang dans la succession des ingénus, car un affranchi n'a pas d'agnats autres que les héritiers siens. Aussi, à défaut de ces derniers, la loi des XII Tables appelle-t-elle le patron et ses descendants. Ceux-ci forment un ordre successible organisé sur le modèle des agnats et d'après les mêmes règles.

L'assimilation entre ces deux ordres conduit aux conséquences suivantes :

1. Ulp., *Reg.* XXIX, 1. — Inst. pr., liv. III, tit. III.

1° De même que les agnats sont appelés à la succession des ingénus sans distinction de sexe, de même le fils et la fille du patron ont une vocation égale à la succession de l'affranchi (1);

2° Ceux-là seuls succèdent comme agnats qui, au moment du décès du *de cujus*, se fussent trouvés avec ce dernier sous la puissance du même auteur commun s'il vivait encore; pareillement, succèdent seuls à l'affranchi ceux des enfants ou descendants du patron qui se fussent trouvés avec l'affranchi sous la puissance de ce patron, en supposant celui-ci vivant au jour du décès de l'affranchi. Par application de cette règle, sont exclus tous petits-enfants et arrière-petits-enfants par les filles, car ces descendants n'ont jamais été sous la puissance du patron. Parmi les autres descendants, sont également exclus ceux que le patron a émancipés ou donnés en adoption (2);

3° De même qu'un agnat peut succéder à un de ses agnats quoi qu'il n'ait pas succédé à l'auteur commun, de même, un descendant du patron peut succéder à l'affranchi quoiqu'il n'ait rien recueilli dans la succession de ce patron. Ainsi, un *manumissor* exhérède régulièrement son fils et institue un *extraneus*. Cet *extraneus* n'a aucun droit à l'hérédité de l'affranchi (3); l'hérédité appartient toujours au fils du patron, à ses petits-fils par

1. Gaïus, III, 45.
2. Ibid.
3. Gaïus, III, 58.

son fils, à ses arrière-petits-fils par son petit-fils né de son fils, lors même qu'ils auraient été exhérédés par leur ascendant;

4° Le principe de la représentation (1) n'est pas plus admis dans l'ordre des patrons et de leurs descendants que dans l'ordre des agnats. Julien fait une application de cette idée dans la loi 23, § 1, D. XXXVIII, 2. Voici l'hypothèse : lors de l'ouverture de la succession de l'affranchi, le patron est déjà mort laissant un fils et deux petits-fils issus d'un autre fils prédécédé. Julien déclare que le fils survivant prendra toute la succession : « *Nepotes non admittentur quamdiù filius esset : quia proximum quemque ad hereditatem liberti vocari manifestum est.* » De même, si nous supposons que l'affranchi avait deux patrons dont l'un déjà mort au décès de cet affranchi, le patron survivant exclura le fils du prédécédé et recueillera toute la succession (2);

5° Le partage se fait par tête et non par souche. Ainsi, un affranchi survit à deux patrons dont l'un laisse trois enfants et l'autre un seul; la succession de l'affranchi se partagera en quatre parties égales. Le fils unique n'aura donc qu'un quart (3). Solution identique, si, au partage sont appelés des petits-fils du patron en nombre inégal dans les deux branches. Cette règle était tellement abso-

---

1. A la différence du droit français où on ne représente que des personnes mortes, la représentation pouvait avoir lieu, à Rome, aussi bien dans le cas où le représenté était sorti de la famille que dans le cas où il était mort.

2. Ulp., *Reg.* XXVII, 2. — Gaïus, III, 60.

3. Gaïus, III, 61.

lue que Gaïus l'appliquait même au cas où la succession
était dévolue à deux patrons qui, avant l'affranchissement,
possédaient sur l'esclave des droits inégaux (1) ;

6º Le patron et ses descendants sont sans aucun doute
des héritiers *extranei*. D'où, ils ne sont investis de la succession que par une adition d'hérédité. Mais cette adition peut-elle être faite, à leur choix, par l'un des trois
modes ordinaires *cretione, nudâ voluntate, pro herede ge-
rendo?* D'un texte de Paul (2) il paraît résulter que les
héritiers légitimes et notamment ceux dont nous nous occupons devaient recourir au premier mode et faire la
crétion dans les cent jours, sous peine d'exclusion. Cette
règle rigoureuse n'était certainement plus en vigueur à
l'époque de Paul, puisque Gaïus (3) déclare, de la façon
la plus formelle, que l'héritier légitime a le choix entre
les trois procédés d'adition.

Du principe d'après lequel le patron et ses descendants
sont des héritiers externes découle une seconde conséquence : ces appelés peuvent, avant toute adition ou
répudiation, transférer efficacement par une *in jure cessio*
l'hérédité à un tiers qui se trouve ainsi investi des droits
de propriété, des créances et des dettes du défunt, comme
s'il eût accepté lui-même cette hérédité.

Enfin, par application du même principe, la dévolution
dut être admise, au moins à l'origine, entre patrons et

1. Gaius, III, 59.
2. Paul. *Sent.*, IV, viii, § 21.
3. Gaïus, II, 167.

leurs descendants. La dévolution est le droit pour l'héritier subséquent d'acquérir l'hérédité lorsque l'héritier plus proche auquel elle avait été déférée la refuse ou devient incapable de la recueillir. Cette dévolution n'existait certainement plus à l'époque de Gaïus (1). Mais dans le droit primitif, il devait en être autrement, c'est ce que déclare Paul, dans le texte précité (2) : « *Nisi adierint hereditatem, ad proximos eadem successio transfertur.* » Quels sont ces *proximi*, sinon les héritiers du même ordre, du degré inférieur? Cette manière de voir est confirmée par une controverse à laquelle Gaïus (3) fait allusion et qui suppose nécessairement l'admission, dans l'ancien droit, de la dévolution entre agnats. Pourquoi, en effet, discutait-on sur le point de savoir si, en matière de *bonorum possessio unde legitimi*, la dévolution devait exister d'un agnat à l'autre? Parce que, d'après le droit civil, dont le préteur avait suivi les règles pour la collation de cette *bonorum possessio*, une pareille dévolution était admise.

Deuxième hypothèse. — Affranchissement d'une femme par un homme. — En vertu de la loi des XII Tables, l'affranchie est sous la tutelle perpétuelle de son patron ; or, elle ne peut tester sans l'autorisation de son tuteur, qui est en même temps son patron ; d'où, si celui-ci est omis dans le testament de son affranchie il n'a qu'à s'en pren-

1. Gaïus, III, 12, 22.
2. Paul. *Sent.*, IV, viii, § 21.
3. Gaïus, III, 28.

dre à lui-même, puisque, en refusant *l'auctoritas*, il pouvait éviter ce résultat.

L'affranchie meurt-elle *intestat*, sa succession est toujours déférée au patron ou à ses descendants, même dans le cas où elle laisserait des enfants, car, ne pouvant avoir la puissance paternelle, elle n'a jamais d'héritiers siens.

Sauf ces différences, les développements relatifs à la première hypothèse reçoivent ici leur application.

Troisième hypothèse. — Affranchissement d'un homme par une femme. — La patronne est, comme le patron, appelée à la succession de son affranchi. Il suffit donc de se référer aux explications déjà données. Une particularité est cependant à noter : les descendants de la patronne, même ses enfants au premier degré, ne viennent jamais à la succession de l'affranchi. Cette exclusion des enfants de la patronne n'est que la conséquence d'un principe formulé ci-dessus, d'après lequel ceux-là seuls viennent à la succession de l'affranchi qui eussent été soumis en même temps que lui à la puissance du *manumissor* supposé vivant. Or, la patronne n'a jamais la puissance paternelle sur ses enfants ; d'où, cette condition fait toujours défaut.

Quatrième hypothèse. — Affranchissement d'une femme par une femme. — Sous l'empire de la loi des XII Tables, il n'y avait aucun intérêt à distinguer entre cette hypothèse et la précédente. Nous n'avons donc rien de nouveau à ajouter.

B. De la succession des affranchis d'après le droit Prétorien.

Reprenons successivement les quatre hypothèses que nous venons d'examiner :

Première hypothèse. — Affranchissement d'un homme par un homme. — D'après la loi des XII Tables, l'affranchi complètement libre de disposer de ses biens pouvait omettre son patron. Ce résultat n'avait rien que d'équitable lorsque l'affranchi instituait ses descendants. Mais il était injustifiable dans le cas où cet affranchi, soit qu'il n'eût pas de descendant, soit qu'il les exhérédât, instituait un étranger. N'était-il pas souverainement injuste qu'un *extraneus* recueillît la succession testamentaire de l'affranchi au détriment du patron, de la générosité duquel ces biens provenaient au moins indirectement puisque, resté esclave, l'affranchi n'eût pu les acquérir? Au préteur revint le soin de corriger cette iniquité du droit. Et voici les nouvelles règles qu'il établit. Le patron sera désormais exclu par les descendants de l'affranchi restés ou non en sa puissance, que celui-ci a institués. Il le sera également par les descendants de l'affranchi auxquels, en cas d'omission, compète la *bonorum possessio contra tabulas*, par exemple par un enfant émancipé omis. Si l'affranchi n'a pas de tels descendants ou s'il les a exhérédés, le patron omis est autorisé à réclamer la moitié des biens laissés par l'affranchi au moyen d'une *bonorum possessio contra tabulas* qui lui est déférée dès le jour où l'institué a fait adition d'hérédité (1).

1. L. , § 12. D. *De bonis libert* XXXVIII. 2.

Que si le patron a reçu, soit par voie d'institution, soit
par une libéralité de dernière volonté quelconque une
part supérieure à la moitié, il a le droit d'exiger le complément de cette moitié au moyen d'une *bonorum possessio
contra tabulas* (1).

Ce droit que le préteur accorde au patron est également accordé à ses fils et autres descendants mâles *per
masculos*. Quant aux descendants mâles *per fœminas*, aux
filles et descendantes du patron, ils ne bénéficient pas de
l'innovation prétorienne, et continuent à être régis par
le droit de la loi des XII Tables. Le préteur manifeste une
fois de plus le peu d'estime qu'il a pour les femmes et
les descendants par les femmes.

Examinons maintenant le cas où l'affranchi meurt *intestat*.

Le patron est entièrement exclu par les descendants
naturels de l'affranchi appelés à la *bonorum possessio unde
liberi*, c'est-à-dire par les descendants naturels qui é-
taient sous la puissance de l'affranchi au jour de sa
mort, par ceux qu'il a émancipés et par ceux qu'il a donnés en adoption, mais qui avant son décès sont sortis
par une émancipation de la famille adoptive.

D'après la loi des XII Tables, le patron était également
exclu par les enfants adoptifs et la femme *in manu* de
l'affranchi. Celui-ci n'avait donc pas besoin de tester pour
dépouiller son patron ; il lui suffisait ou de recourir à
une adoption ou d'acquérir la *manus* sur sa femme. Le

1. Gaïus, III, 41.

préteur vit encore là une iniquité et il décida que, en présence d'un enfant adoptif ou d'une femme *in manu*, le patron aurait une *bonorum possessio dimidiæ partis ab intestat* (1). Cette *bonorum possessio ab intestat* appartenait aussi aux descendants du patron, suivant les distinctions déjà faites relativement à la *bonorum possessio contra tabulas*.

En l'absence de femme *in manu*, d'enfants adoptifs et d'enfants naturels ayant droit à la *bonorum possessio unde liberi*, le patron et ses descendants recueillaient toute la succession *ab intestat* de l'affranchi. Sur ce point, le préteur n'avait fait que confirmer le droit civil, et le patron et ses descendants pouvaient, quand ils y avaient intérêt, demander la *bonorum possessio unde legitimi* créée au profit de tous ceux auxquels la loi des XII Tables ou toute autre source du droit civil déférait l'hérédité légitime.

Jusqu'ici nous n'avons parlé que du patron et de ses descendants, c'est qu'en effet ceux-là seuls peuvent être appelés à la succession de l'affranchi. Mais à défaut du patron et de ses descendants, le prêteur attribue vocation aux agnats du patron et leur donne une *bonorum possessio tum quem ex familia*.

Ulpien (2) et Justinien (3) mentionnent une autre *bonorum possessio* relative à la succession *ab intestat* des affranchis : la *bonorum possessio unde patronus, patrona libe-*

---

1. Gaïus, III 41. Ulp., *Reg.* XXIX, § 1.
2. Ulp. *Reg.* XXVIII, § 7.
3. Instit. liv. III, tit. ix, 3.

rique et parentes patroni, patronæve. A quelles personnes
cette *bonorum possessio* était-elle déférée? La question est
vivement controversée.

D'après un premier système, il faudrait, pour trouver
une application de cette *bonorum possessio.* supposer une
des deux hypothèses suivantes : 1° le *de cujus* a été affranchi par un patron que nous appellerons *Primus* lequel
avait été lui-même affranchi par *Secundus.* Au moment
de l'ouverture de la succession, *Primus* est déjà mort sans
laisser d'enfant et par conséquent sans agnats; *Secundus*
ou ses descendants sont appelés à cette succession au lieu
et place des agnats et y arriveront au moyen de la *bonorum possessio unde patronus, patrona,* etc. ; 2° la seconde
hypothèse dans laquelle cette *bonorum possessio* pouvait
être délivrée serait celle où *Primus* a été émancipé par
son père *contractà fiduciâ.* Le père émancipateur étant
loco patroni par rapport à son fils arrivera à la succession
du *de cujus* dans le cas où l'émancipé est mort sans enfant lors de l'ouverture de cette succession et ce père
émancipateur ou ses descendants *per masculos* pourront
en réclamer le bénéfice. au moyen de la *bonorum possessio
unde patronus, patrona,* etc.

A l'appui de ce système on invoque un texte d'Ulpien
ainsi conçu : « *Post familiam patroni, vocat prætor patronum et patronam, item liberos et parentes patroni, patronæ;
deinde virum et uxorem ; mox cognatos patroni et patronæ* (1). »
Ce texte. dit-on, ne peut avoir de sens qu'autant que

1. *Collat. leg. mos.*, tit. XVI, cap. IX, § 1.

ceux auxquels le préteur confère la *bonorum possessio unde patronus, patrona*, etc., sont autres que le patron ou les descendants du *de cujus*. Comment admettre que le préteur appelle d'abord la *familia* du patron c'est-à-dire les agnats du patron et, en seconde ligne seulement, le patron lui-même ?

Cette explication est assurément fort ingénieuse, mais elle manque d'exactitude. En effet, d'après la dénomination même de la *bonorum possessio unde patronus, patrona*, etc., il y a certainement des cas où une patronne et ses enfants sont appelés à la succession d'un affranchi. Or, reprenons les deux hypothèses que nous venons d'indiquer et recherchons, à l'occasion de chacune d'elles, si la patronne et ses enfants viennent à la succession du *de cujus*. Dans la seconde hypothèse, la question ne se pose même pas, car la puissance paternelle étant un attribut exclusif du sexe masculin, le *parens manumissor* ne peut jamais être une femme. Reste la première hypothèse. Dans celle-ci, sans doute, la patronne du *manumissor* pourra arriver à la succession du *de cujus* ; mais il faut reconnaître que cette hypothèse devait être fort rare en pratique. Aussi, est-il peu vraisemblable que le préteur ait songé à la régler. Cette considération suffirait, à notre avis, pour ébranler le système que nous examinons. Mais ce n'est pas tout. Si la patronne peut, à la rigueur, obtenir la *bonorum possessio unde patronus, patrona*, etc., les enfants de la patronne ne le pourront jamais, car ils appartiennent à une autre famille que celle de leur mère et on ne voit pas à quel titre ils arriveraient. Cette dernière observation nous paraît réfuter victorieusement l'opinion ci-dessus exposée.

Quant au fragment d'Ulpien, on lui fait dire ce qu'il ne dit pas en réalité. Le jurisconsulte procède à l'énumération des diverses *bonorum possessiones* dans l'ordre qui leur est assigné par divers textes, notamment par les Institutes de Justinien, ordre qui devait être celui de l'édit lui-même, et comme la *bonorum possessio* dont nous nous occupons venait immédiatement après la *bonorum possessio tum quem ex familia*, il est tout naturel que, pour désigner cette dernière *bonorum possessio*, il se soit servi de l'expression : « *Post familiam patroni.* » La phrase est elliptique, mais son sens n'est pas douteux, surtout si on rapproche ce texte d'un autre fragment du même jurisconsulte qui figure aux *Règles*, § 7, XXVIII. En conséquence, l'argument tiré du passage des Mosaïques n'est nullement concluant.

Quelles sont donc les personnes auxquelles sera déférée la *bonorum possessio unde patronus, patrona*, etc. ? Il n'est pas besoin, croyons-nous, pour répondre à la question, de recourir aux ressources de l'imagination. Les termes dont se servent Gaïus, Ulpien et Justinien pour les désigner ne prêtent à aucune équivoque. Cette *bonorum possessio* était donnée au patron ou à la patronne du défunt, et, à leur défaut, à leurs descendants ou ascendants. Théophile (1) est formel en ce sens.

1. Théophile, sur le § 3 des Institutes.

Mais, objecte-t-on, le patron, la patronne et leurs descendants ont déjà deux *bonorum possessiones* : la *bonorum possessio unde legitimi* et la *bonorum possessio tum quem ex familia;* les ascendants ont également cette dernière *bonorum possessio;* dès lors, à quoi bon en créer une nouvelle à leur profit? — L'objection serait probante si la *bonorum possessio unde patronus, patrona,* etc., ne présentait aucun avantage pour les personnes que nous venons d'indiquer; mais il est facile d'établir qu'elle ne faisait pas double emploi avec les autres *bonorum possessiones* et qu'elle était souvent pour toutes ces personnes d'une utilité évidente : 1° pour le patron et la patronne, lorsqu'ils avaient encouru depuis l'affranchissement une *capitis deminutio,* car cette déchéance entraînait la perte de la vocation aux *bonorum possessiones unde legitimi et tum quem ex familia;* 2° pour les descendants du patron, lorsqu'ils étaient sortis de la famille postérieurement à l'affranchissement ou lorsqu'ils n'en avaient jamais fait partie, parce que par exemple, ils descendaient du patron *per fœminas;* 3° pour les descendants de la patronne, dans la majorité des cas ; car ils ne pouvaient jamais prétendre à la *bonorum possessio unde legitimi* et ils n'avaient pas droit à la *bonorum possessio tum quem ex familia* lorsque leur mère *in manu* était devenue *sui juris* par le décès de son mari; 4° enfin, pour les ascendants, toutes les fois que la *bonorum possessio tum quem ex familia* leur est refusée parce qu'ils ne sont pas les agnats du patron ou de la patronne.

En résumé, suivant la réflexion très judicieuse de M.

Accarias : « Cette *bonorum possessio* tend à assurer soit au *manumissor*, soit à ses descendants, une préférence absolue par rapport à ses agnats en ligne collatérale. »

Signalons enfin une dernière *bonorum possessio* relative à la succession des affranchis, la *bonorum possessio unde cognati manumissoris* que le préteur donnait, à défaut d'autres personnes préférables, aux cognats les plus proches du *manumissor*. Le préteur appelait tous les cognats jusqu'au 6ᵉ degré inclusivement et, parmi les cognats au 7ᵉ degré, les enfants nés de cousins et cousines issus de germains (1).

Deuxième hypothèse. — Affranchissement d'une femme par un homme. — Les importantes innovations que nous venons d'étudier restèrent étrangères à ces hypothèses. Le préteur estima, non sans raison, que le droit des XII Tables offrait au patron une protection suffisante ; la femme étant obligée pour tester valablement d'obtenir l'*auctoritas* de son patron. Si donc, par son testament elle le dépouillait, il y avait consenti et n'avait pas à se plaindre. Mourait-elle *intestat*, ses biens étaient toujours dévolus au patron, alors même qu'elle laissait des enfants. Le *manumissor* trouvait donc dans le droit civil une ample protection; d'où, le silence de l'édit sur ce point.

Troisième hypothèse. — Affranchissement d'un homme par une femme. — Gaïus (2) nous dit que les faveurs établies par le préteur au profit des patrons n'avaient pas été

1. Ulpien, *Règles* XXVIII, § 7.
2. Gaïus, III, 49.

étendues aux patronnes et que, avant la loi Papia Poppœa, celles-ci continuèrent à être régies par le droit des
XII Tables. Pourquoi cette différence entre le patron et
la patronne? Elle n'était que l'application d'une ancienne
règle dont on trouve de nombreuses traces dans les institutions romaines et qui apparaît notamment dans la loi
Voconia. Les vieux Romains considéraient comme une
condition de l'ordre social le maintien de la femme dans
un état de subordination et de dépendance presque absolu. Aussi, persuadés que la fortune est la principale
source de l'indépendance, ils se montraient hostiles à
l'extension aux femmes de toutes mesures ayant pour
effet de leur assurer un patrimoine. C'est ce qui explique
que la patronne fut moins bien traitée par le préteur que
le patron. Sans doute, elle pouvait demander, ainsi que
nous l'avons déjà dit, la *bonorum possessio unde patronus,
patrona,* etc., mais qu'obtenait-elle de plus que par le
droit civil? Absolument rien.

*Quatrième hypothèse. — Affranchissement d'une femme par
une femme.* — Pour les motifs que nous venons d'indiquer et qui s'appliquent pleinement ici, cette hypothèse
continue à être réglée par le droit des XII Tables.

C. De la succession des affranchis d'après la loi Papia Poppœa.

On sait que la loi Papia Poppœa rendue sous Auguste,
en 762 de Rome, dans le but de pousser les citoyens au
mariage et d'encourager la procréation, attachait de nombreux privilèges à la paternité et à la maternité. Cette

loi apporta de profonds changements dans la réglementa-
tion des successions en général; son influence dut donc
se faire sentir dans la matière qui nous occupe. Sur
quels points et dans quelle mesure modifia-t-elle le droit
prétorien? C'est ce que nous allons examiner en restant
fidèle à l'ordre suivi jusqu'ici.

*Première hypothèse. — Affranchissement d'un homme par
un homme.* — Il n'y a plus à distinguer si l'affranchi est
mort testat ou intestat, mais seulement s'il est ou non
locupletior. Par affranchi *locupletior* la loi Papia Poppœa
entend l'affranchi dont la fortune est égale ou supérieure
à 100,000 sesterces (1).

Au cas où l'affranchi n'est pas *locupletior,* la loi P. Poppœa maintient le droit prétorien. Il en est de même lorsque l'affranchi *locupletior* laisse au moins trois enfants.
Mais s'il n'en laisse qu'un ou deux, la loi nouvelle aug-
mente le droit du patron et lui attribue une part virile
dans la succession de l'affranchi, le tiers s'il a deux enfants, la moitié s'il n'en a qu'un (2). Pour soustraire ces
enfants à l'application de la loi P. Poppœa, l'affranchi
pouvait recourir à toutes sortes de subterfuges. Le plus
fréquent consistait dans des ventes dont il était facile de
dissimuler le prix. Ces fraudes étaient aisément déjouées,
car Ulpien (3) nous apprend que les aliénations ainsi
consenties étaient nulles, lorsqu'elles avaient pour effet

1. Gaïus, III, 42.
2. Ibid.
3. L. 16. D. *De jure patron.* XXXVII, 14.

de placer l'affranchi dans la catégorie des *non locupletio-res*; que si, nonobstant ces aliénations, l'affranchi était resté *locupletior*, le patron dont elles diminuaient les droits pouvait les attaquer par les actions Faviana et Calvisiana. Telle était aussi l'opinion de Julien.

Tous les descendants mâles du patron ont les mêmes droits que celui-ci. Quant aux filles et petites-filles *ex filio*, la loi Papia Poppœa ne les assimile aux fils et petits-fils que dans un cas, celui où elles avaient au moins trois enfants et, dans ce cas, elles pouvaient demander la *bonorum possessio dimidiæ partis ab intestat* ou *contra tabulas* pourvu qu'elles remplissent les conditions exigées du patron et de ses descendants mâles (1).

Deuxième hypothèse. — Affranchissement d'une femme par un homme. — Examinons successivement le cas où l'affranchie a testé et celui où elle est morte intestat.

Premier cas. — L'affranchie a testé. — Nous avons vu que le préteur n'avait pas jugé utile d'innover dans ce cas, car le patron trouvait une protection suffisante dans la faculté de refuser son *auctoritas* à la femme qui voulait tester à son détriment. Mais la loi P. Poppœa, en déclarant que l'affranchie mère de quatre enfants échapperait à la tutelle de son patron et, par suite, acquerrait la capacité de tester sans recourir à l'*auctoritas*, portait une atteinte grave aux droits du patron. Pour parer à cet inconvénient, cette loi admit que, quelles que fussent les

____

1. Gaïus, III, 46.

dispositions du testament de l'affranchie, le patron aurait droit à une part virile déterminée par le nombre des enfants de l'affranchie survivants à leur mère. La même faveur fut accordée au fils du patron et à ses descendants mâles *per masculos*. Quant aux filles et descendantes du patron, il paraît résulter d'un texte de Gaïus (1) qu'elles ne pouvaient rien réclamer si elles n'avaient pas le *jus liberorum*, mais que, cette condition étant remplie, elles obtenaient une *bonorum possessio dimidiæ partis* ou une simple part virile, suivant que l'affranchie instituait un héritier externe ou l'un de ses enfants et pourvu qu'elle laissât une fortune égale ou supérieure à 100,000 sesterces.

Deuxième cas. — L'affranchie meurt intestat. — Le droit prétorien ne comportait aucune modification, puisque, d'après ce droit, le patron ou ses descendants mâles *per masculos* excluait les enfants eux-mêmes de l'affranchie. Mais la situation de la fille du patron est améliorée par la loi Papia Poppœa ; en effet, en vertu de cette loi, elle peut, si elle a le *jus liberorum*, réclamer une part virile (2).

Cet état de choses a duré jusqu'au S.-C. Orphitien à partir duquel les enfants furent appelés à la succession de leur mère ; d'où, le patron était exclu par les enfants de son affranchie, à moins que ceux-ci ne répudiassent la succession.

1. Gaïus, III, 47.
2. Ibid.

Troisième hypothèse. — Affranchissement d'un homme par une femme. — Nous avons vu que le préteur n'avait rien fait pour la patronne ; les règles du droit civil qu'il jugeait iniques quand elles s'appliquaient à un homme, lui paraissaient justes quand il s'agissait d'une femme. La loi P. Poppea innova en faveur de la patronne qui avait un certain nombre d'enfants. L'ingénue mère de 2 enfants et l'affranchie mère de 3 enfants eurent droit à la *bonorum possessio dimidiæ partis* dans tous les cas où le patron pouvait réclamer cette *bonorum possessio*. En outre, l'ingénue mère d'au moins 3 enfants jouissait d'un privilège qui n'appartenait jamais à l'affranchie, celui de prendre comme le patron une part virile dans les biens de son affranchi mort avec moins de 3 enfants et plus de 100.000 sesterces (1).

Quatrième hypothèse. — Affranchissement d'une femme par une femme. — Il importe de distinguer si l'affranchie est morte *testata* ou *intestata*.

Au premier cas, la patronne qui a le *jus liberorum* peut comme le patron, réclamer la *bonorum possessio dimidiæ partis contrà tabulas*. Si elle n'est pas investie du *jus liberorum*, elle est régie par la loi des XII Tables (2).

Au second cas, la loi des XII Tables conserve son empire ; les enfants de l'affranchie sont exclus par la patronne *honorata* ou *non honorata liberis*. Gaius fait toutefois remarquer que si la patronne ou l'affranchie a en-

1. Gaius, III, 50. — Ulp. *Reg.* XXIX, 6, 7.
2. Gaius, III, 52.

couru une *capitis deminutio*, les enfants de l'affranchie priment la patronne parce que le droit légitime étant détruit par la *capitis deminutio*, il arrive que les enfants de l'affranchie sont préférables en vertu du droit de cognation (1).

Enfin, Gaius (2) ajoute que, en vertu de la loi P. Poppæa, la fille de la patronne *honorata liberis* a les droits du patron, pourvu que cette fille ait un enfant. Cette solution, d'après laquelle la fille de la patronne aurait des droits égaux à ceux du patron, c'est-à-dire préférables à ceux de sa mère était évidemment illogique. Aussi les romanistes concluaient-ils à l'altération du texte de Gaius. Des dernières tentatives faites pour déchiffrer le manuscrit de Vérone, il résulte que, en effet, la fille de la patronne n'était pas mieux traitée que sa mère.

La loi Papia Poppæa fut, dans cette hypothèse comme dans la précédente, modifiée par S. C. Orphétien qui permit aux enfants de l'affranchie d'exclure la patronne.

D. De la succession des affranchis d'après le droit de Justinien.

Sous Justinien, les différences entre la succession du *libertus* et de la *liberta*, entre les droits du patron et de la patronne sont supprimées. Deux cas seulement doivent être envisagés : celui ou l'affranchi a testé et celui où il est mort *intestat*.

Premier cas. L'affranchi a testé. — La distinction éta-

1. Gaius, III, 51.
2. Gaius, III, 53.

blie par la loi Papia Poppæa subsiste, mais elle est basée sur d'autres chiffres. Le *centenarius* dont parle Justinien (1) n'est plus le *locupletior* visé par Gaius (2). Alors que pour être *locupletior* il fallait avoir une fortune d'au mains 100.000 sesterces, il suffit pour être *centenarius*,de posséder cent sous d'or ; et ce n'est pas là une pure question de mots ; 100.000 sesterces représentaient environ 21.000 fr. de notre monnaie, tandis que cent sous d'or équivalaient, suivant les uns à 1500 fr. et suivant d'autres à 2000 fr. ou 2200 fr.

L'affranchi est-il *minor centenario*, il peut tester comme bon lui semble ; son testament est à l'abri de toute critique de la part du patron. — Est-il *major centenario* et laisse-t-il des descendants institués ou pouvant arriver à la succession par la *querela inofficiosi testamenti*, le patron n'est en droit de rien réclamer. Mais s'il n'a pas de descendants ou s'il les a omis régulièrement, ou exhérédés légalement, le patron peut, au moyen de la *bonorum possessio contra tabulas* obtenir le tiers des biens ou le complément de ce tiers, s'il a été institué pour une part moindre. Justinien paraît avoir réduit le droit du patron, puisqu'il abaisse de la moitié au tiers la part revenant à celui-ci. Mais, en fait, le profit qu'il retirait de la *bonorum possessio tertiæ partis* était souvent supérieur à celui que lui procurait la *bonorum possessio dimidiæ partis*. Ce résultat s'explique par la raison que cette dernière *bonorum*

1. Instit. § 3. liv. III. tit. vii.
2. Gaius, III; 42.

possessio n'affranchissait pas le patron des legs, tandis qu il recevait son tiers franc et quitte de toute charge.

Deuxième cas. L'affranchi meurt intestat. — Le patron est exclu par les descendants de l'affranchi, non seulement par ceux qui sont en puissance, mais encore par ceux qui, nés esclaves, sont libres au jour du décès du *de cujus* (1). D'où, en résumé, le patron n'arrive à la succession de l'affranchi que lorsque celui-ci est mort sans postérité.

Les droits que Justinien confère au patron et à la patronne, appartiennent également à leurs enfants, sans distinction de sexe. Bien plus, dans le cas de succession *ab intestat* de l'affranchi, à défaut du patron et de ses descendants, les biens sont recueillis par les collatéraux du *manumissor* jusqu'au cinquième degré inclusivement. Justinien maintient le principe de la non représentation, celui du partage par tête et rétablit la règle de la dévolution d'un degré à l'autre admise par la loi des XII Tables (2).

§ 3. *De la tutelle des affranchis.*

Le *paterfamilias* pouvait par testament nommer un tuteur à ceux de ses enfants ou descendants ingénus impubères qui devenaient *sui juris* par sa mort, et, à défaut de tuteur testamentaire, la tutelle de ces ingénus était

1. Instit. § 10, liv. III. tit. vi.
2. Instit. § 7, liv. III. tit. ii.

déférée aux plus proches agnats. Mais ces règles étaien
forcément inapplicables aux affranchis. Pour ceux-ci, en
effet, il ne pouvait être question de tutelle testamentaire
ou de tutelle des agnats puisqu'ils n'avaient ni père ni
agnats. Il fallait donc organiser une tutelle spéciale pour
les affranchis impubères. Ce fut la tutelle du patron et
de ses descendants. Justinien (1) nous dit que cette tutelle n'avait pas été établie expressément par la loi des
XII Tables, mais qu'elle fut admise par interprétation de
cette loi, *perinde ac si verbis legis introducta esset*. Delà son
nom de légitime. Elle ne fut que l'application de la règle
Ubi successionis est emolumentum ibi et tutelæ onus esse debet.
En présence de cette dernière expression qui représente
la tutelle comme une charge, on pourrait trouver étrange
que nous la classions parmi les *jura patronatus*. Mais il
faut se rappeler que, à l'origine, les tutelles légitimes
furent établies bien moins dans l'intérêt des pupilles que
dans celui des tuteurs eux-mêmes ; or, cette fausse notion
de la tutelle n'avait pas encore complètement disparu à
l'époque classique.

Du principe qui servait de base à la tutelle des affranchis, il est facile de dégager les règles auxquelles elle
était soumise.

Si l'affranchissement est fait entre-vifs, c'est au *manumissor* lui-même qu'appartient la tutelle, sans distinguer si l'affranchissement a été fait *sponte* ou en exécu-

1. Instit. pr. liv. I. tit. xvii.

tion d'une obligation, d'un fidéicommis par exemple (1).
A la mort du *manumissor*, la tutelle est dévolue à ses enfants, même aux exhérédés ; car, si le père a le droit de
priver ses enfants de ses propres biens, il ne peut pas les
dépouiller de leurs droits à la succession et par conséquent à la tutelle de l'affranchi (2).

Quelquefois, la tutelle s'ouvrait sur la tête des enfants
du patron sans avoir jamais appartenu à ce dernier. C'est
ce qui avait lieu lorsque le *libertus* était *orcinus*, c'est-à-
dire affranchi par testament. Il en était de même lorsqu'un esclave ayant reçu de son maitre la liberté fidéicommissaire, le grevé se refusait à l'affranchir ; il était
alors affranchi de plein droit, en vertu du S. C. Ru-
brien (3).

L'affranchi a-t-il deux ou plusieurs patrons, la tutelle,
de même que la succession, leur est commune (4). Mais si,
ayant deux patrons, l'un d'eux vient à mourir, la tutelle
ne passe pas aux enfants du prédécédé parce que, la représentation n'étant pas admise en matière successorale,
ces enfants sont exclus de la succession de l'affranchi
par le patron survivant. Ce que nous disons du patron
prédécédé est également vrai du patron qui encourt une
capitis deminutio (5). Par la même raison, si de deux pa-

1. L. 3, § 1. D. *de legit. tut.* XXVI, 4.
2. Gaius, III, 58.
3. L. 3, § 3. D. *de legit. tut.* XXVI, 4.
4. L. 3, § 4. D. *eod. tit.*
5. L. 3, § 5. D. *eod. tit.*

trons décédés, l'un laisse un fils et l'autre un petit-fils,
le fils aura seul droit à la tutelle (1).

Toutes ces solutions découlent naturellement du principe *ubi est emolumentum*, etc. Mais ce principe comportait
quelques exceptions. Il y avait des cas où l'hérédité était
déférée sous la tutelle, et la tutelle sous l'hérédité.
Ainsi, un impubère est affranchi par une femme ; celle-
ci a droit à la succession mais non à la tutelle, qui est
déférée par le magistrat (2). Pareillement, lorsqu'un esclave appartenant par indivis à un homme et à une femme est affranchi par ses deux maîtres, le patron a seul
la charge de la tutelle quoiqu'il vienne en concours avec
la patronne à la succession de l'affranchi. Bien plus, si
d'un patron et d'une patronne, le patron est mort laissant un fils, à celui-ci seul incombera la tutelle, quoiqu'il n'ait aucun droit à la succession (3).

APPENDICE. — *De la transmission des jura patronatus.* —
Nous avons vu dans quels cas les *jura patronatus* se transmettent aux enfants et descendants du patron. Mais
comment s'opérait cette transmission ? Jusqu'au règne
de Claude elle se faisait d'une manière égale entre les
enfants du même degré. En vertu d'un S. C. de cet empereur, dont Ulpien nous a conservé le texte (4), il fut
permis aux patrons d'attribuer les *jura patronatus* à l'un

1. L. 3, § 7. D. *de legit. tut.* XXVI, 4.
2. Instit. pr. liv. I. tit. xvii.
3. L. I, § 1. D. *de legit. tut.* XXVI, 4.
4. L. I, pr. D. *de adsig, libert.* XXXVIII, 4.

ou quelques-uns de ses descendants, à l'exclusion des autres. Cette attribution porte le nom *d'adsignatio liberti.*

Par qui cette *adsignatio* peut-elle être faite? Au profit de qui? En quelles formes? Quels effets produit-elle? Comment prend-t-elle fin? Tels sont les divers points que nous avons à examiner.

Par qui? — Elle ne peut émaner que d'un *manumissor* possédant la puissance paternelle, d'où, elle est interdite à la patronne. Mais elle peut avoir pour objet aussi bien une *liberta* qu'un *libertus* (1), sans distinguer si la liberté a été acquise du vivant de *l'adsignator* ou seulement après sa mort (2).

D'autre part elle suppose chez l'*adsignator* la qualité de *manumissor*. Par conséquent, elle ne peut jamais être faite par les enfants du patron, pas même par ceux qui tiennent de lui le bénéfice d'une pareille *adsignatio* (3).

Au profit de qui? — Elle est possible quel que soit le sexe ou le degré du bénéficiaire (4). Elle peut même être faite en faveur d'un descendant exhéridé, car, ainsi que nous l'avons déjà dit, les *jura patronatus* ne sont pas réputés compris dans l'hérédité du patron (5). Mais elle constitue un attribut de la puissance paternelle, d'où, elle n'est point admise au profit d'un enfant émancipé (6).

1. Inst. § 1, *liv.*III. tit. VIII.
2. L. 13, pr. D. *de adsig. libert.* XXXVIII, 4.
3. L. 8. D., *cod. tit.*
4. Inst. § 1, liv. III, tit. VIII.
5. L. 1. § 5. D. *de adsig. libert* XXXVIII, 4.
6. Instit. § 2, liv. III, tit. VIII.

Toutefois, d'après Modestin, le patron qui a deux enfants sous sa puissance et un troisième enfant émancipé peut assigner son affranchi conjointement à l'un des *sui* et à l'émancipé (1). Cette solution, qui n'avait pas été unanimement acceptée pouvait se justifier par cette considération qu'aucun des *sui* n'était recevable à se plaindre : celui auquel l'*adsignatio* avait été faite, parce qu'il recueillait la moitié des *jura patronatus* à laquelle il avait droit, et le *suus* écarté parce que, même en supposant nulle l'*adsignatio* faite à l'émancipé, il se serait trouvé exclu par son frère resté en puissance.

L'*adsignatio* pouvait valablement être faite à un descendant séparé de l'*adsignator* par un intermédiaire : « *Posse autem,* dit Ulpien, *et nepoti adsignari certum est : et præferri filio nepotem adsignatoris, constat* » (2). Ce texte, très simple en apparence, n'est pas sans difficultés. Le jurisconsulte, en parlant de préférence, suppose nécessairement que le fils aurait pu recevoir l'*adsignatio*, par conséquent qu'il est sous la puissance de l'*adsignator*, et que, dès lors, à la mort de ce dernier, il aura la *patria potestas* sur le petit-fils. Cela étant, recherchons le bénéfice que le petit-fils retirera de l'*adsignatio*. Il aura certainement droit à l'*obsequium* de l'affranchi, il sera également son tuteur, car un fils de famille peut être tuteur ; mais recueillera-t-il la succession de l'affranchi ? Le droit ancien s'y opposait, les succesions légitimes ne pouvant jamais

1. L. 9. D. *de adsign. libert.* XXXVIII, 4.
2. L. 3, § 1, D., *eod. tit.*

être dévolues qu'à des personnes *sui juris*. Donc, de deux choses l'une : ou bien *l'adsignatio* ne produisait que des effets insignifiants ou bien elle dérogeait à ce dernier principe. Au surplus, même en admettant cette dérogation, le but de *l'adsignator* n'était pas atteint, car à raison de la *patria potestas*, le fils profitait seul de la succession, c'est-à-dire des avantages réels de *l'adsignatio*, les charges incombant à celui que *l'adsignator* avait voulu gratifier.

En quelles formes ? — *L'adsignatio* n'est soumise à aucune forme solennelle « *adsignare autem quis potest quibuscumque verbis vel nutu, vel testamento, vel codicillis, vel vivus* » (1). Elle comporte même l'apposition d'un *dies a quo* (2) et d'une *conditio sub quâ* (3). Faite par testament, elle ne constitue pas une libéralité de dernière volonté, car elle porte sur des objets qui ne font pas partie de l'hérédité du patron ; d'où, elle ne peut ni être grevée d'une charge quelconque (4), ni s'imputer sur la *quarte falcidie*.

Quels effets produit-elle ? — Ulpien nous dit que le bénéficiaire de *l'adsignatio* est le seul patron de l'affranchi (5), ce qui doit s'entendre en ce sens que le bénéficiaire recueille tous les droits de *l'adsignator*, mais rien

---

1. L. 1, § 3. D. *De adsignandis libertis* XXXVIII, 4.
2. L. 13, § 3. D., *cod. tit.*
3. L. 10 pr., D., *eod. tit.*
4. L. 7, D., *eod. tit.*
5. L. 30, § 5. D. *qui et a quibus monum.* XL, 9.

que ceux-là. Par suite, s'il y a deux patrons, l'*adsignatio*
faite par l'un d'eux ne nuit jamais à l'autre ni à ses descendants. C'est ce qui résulte de la loi 1, § 8 et de la loi
2. D. XXXVIII, 4. Dans la loi 1, § 8, Ulpien prévoit l'hypothèse suivante : Deux patrons sont prédécédés laissant
l'un un fils et l'autre deux fils ; à l'un de ses fils a été
assigné l'affranchi ; quelle part de l'hérédité pourra-t-il
recueillir ? les deux tiers représentant sa portion et celle
de son frère ; mais il n'enlèvera pas son tiers au fils de
l'autre patron. Dans la loi 2, Pomponius, se plaçant dans
la même hypothèse, suppose que le bénéficiaire est mort
laissant un fils en concours avec le fils de l'autre patron.
Dans ce cas, dit-il, ils partageront par moitié.

S'il y a plusieurs bénéficiaires de l'*adsignatio* et si l'un
d'eux répudie la succession de l'affranchi ou perd le droit
de cité, sa part accroit aux autres (1).

Comment l'*adsignatio* prend-elle fin ? — Elle s'évanouit
lorsque le patron survit à l'affranchi, lorsque le bénéficiaire meurt, perd le droit de cité, ou répudie la succession, sans laisser de descendant. Dans ce dernier cas, les
enfants qui avaient été exclus par l'*adsignatio* recouvrent
leur droit dont l'exercice seul avait été suspendu (2).

L'*adsignatio* peut être révoquée soit expressément soit
tacitement : expressément en quelque forme que ce soit
« *Etiam nuda voluntate* » (3). Tacitement, lorsque le père

1. L. 5 pr. D. *De adsignandis libertis* XXXVIII, 4.
2. Instit. pr. liv. III. tit. viii.
3. L. 1, § 4. D. *De adsignandis libertis* XXXVIII, 4.

émancipe l'enfant auquel avait été fait l'*adsignatio* (1). La révocation tacite pouvait aussi résulter d'une exhérédation postérieure à l'*adsignatio* (2).

SECTION II. — *Des droits établis par la convention.*

Le maitre qui donnait la liberté à son esclave pouvait se réserver comme prix de cette liberté le droit d'exiger certaines prestations de l'affranchi. Quoi de plus naturel? N'était-il pas libre d'apposer quelques conditions à sa générosité ? Mais le droit du maître à cet égard était-il illimité ? Il le fut pendant longtemps. Toutefois, certains maitres abusèrent, parait-il. de ce pouvoir et imposèrent à leurs affranchis des obligations tellement onéreuses, que ceux-ci ne retiraient en réalité aucun bénéfice de l'affranchissement et que, libres en droit, ils continuaient à être esclaves en fait. Aussi le besoin d'une limitation se fit-il impérieusement sentir. La première tentative en ce sens fut faite par le prêteur Rutilius. « *Hoc edictum,*nous dit Ulpien (3), *prætor proponit coartandæ persecutionis libertatis causa impositorum : animadvertit enim (rem istam), libertatis causa impositorum præstationem ultra excrevisse,ut premeret atque oneraret libertinas personas.* » Les jurisconsultes, s'inspirant de ces idées humanitaires,les développèrent. Ainsi Modestin déclare « *Is qui onerandæ libertatis*

1. Inst. § 2, liv. III. tit. VIII.
2. L. 1, § 6. D. *De adsignandis libertis* XXXVIII, 4.
3. L. 2, pr. D. *De operis libert.* XXXVIII, 1.

causa pecuniam patrono repromiserit, non tenetur : vel patro-nus, si pecuniam exegerit, bonorum possessionem contra tabu-las ejus non potest petere (1). » Labéon nous apprend éga-lement (2) que la société imposée par le patron à l'affran-chi *libertatis onerandæ causa* est unanimement considérée comme nulle et de nul effet.

Quelles étaient donc les obligations que le patron avait le droit d'exiger de son affranchi ? Uniquement celles dé-signées sous le nom d'*operæ*. Encore fallait-il que ces *ope-ræ* ne fussent pas exagérées. Ainsi, l'affranchi ne pouvait être astreint à des services qui ne lui permettaient pas de prendre soin de son corps (3). En outre, ces *operæ* ne devaient être ni honteuses, ni de nature à mettre la vie de l'affranchi en danger (4). Malgré ces restrictions, l'obli-gation aux *operæ* était parfois assez rigoureuse : l'affran-chi, nous dit Paul (5), est tenu, lorsque le patron habite Rome, de s'y rendre, même de province, aux frais de ce dernier, il est vrai. On n'allait pas cependant jusqu'à ad-mettre qu'il fût contraint à suivre partout un patron qui serait continuellement en voyage.

D'autre part, les *operæ* ne pouvaient pas être imposées à tous les affranchis. Si, par exemple, un esclave a été acheté sous la condition *ut manumittatur*, et, s'il est af-franchi par application de la constitution de Marc-Aurèle,

1. L. 32. D. *De operis libert.* XXXVIII, 1.
2. L. 36, D. *eod. tit.*
3. L. 50, § 1 et L. 22, § 2. D., *eod. tit.*
4. L. 38, pr. D., *eod. tit.*
5. L. 20, § 1, D., *eod. tit.*

les *operæ* ne sont pas obligatoires (1). De même,le patron
n'avait aucun droit aux *operæ* alors même qu'elles avaient
été promises,lorsque l'affranchissement,au lieu d'être volontaire, était fait en vertu d'une obligation antérieure,
d'un fidéicommis par exemple (2). Il en était toutefois
autrement quand le grevé était le fils du testateur (3).

Les *operæ* ne pouvaient être réclamées par le patron
qu'autant qu'elles avaient fait l'objet d'un contrat, sans
qu'il y ait à distinguer entre les *operæ fabriles* et les *operæ officiales*. Ces dernières étaient,sans doute,dues *natura ;*
mais le patron n'avait, en dehors de tout contrat,aucune
action pour en exiger l'accomplissement. Aussi, l'utilité
des conventions que nous allons examiner apparaît-elle
pour toutes les *operæ* indistinctement. L'affranchi pouvait
les promettre par la voie de la stipulation, auquel cas le
patron avait à son service *l'actio ex stipulatu* pour forcer
l'affranchi à l'exécution de sa promesse. Mais la stipulation n'offrait pas toujours au patron le moyen d'atteindre
sûrement le but qu'il se proposait ; en effet, intervenue
avant l'affranchissement, elle ne produisait aucun effet
civil, l'esclave étant incapable de s'obliger civilement, et
une fois l'affranchissement effectué, le patron n'avait aucun moyen de contraindre l'affranchi à s'engager par stipulation. Pour sortir de cette impasse, voici la combinaison ingénieuse qu'on imagina. Avant l'affranchissement,

1. L. 15, pr. D. *operis libert.* XXXVIII. 1.
2. L. 7, § 4, D. *cod. tit.*
3. L. 33, pr. D. *De fideicom. libertat.* XL, 5.

le maître se faisait promettre les *operæ* par serment, ce à quoi l'esclave ne se refusait jamais. Puis, la *manumissio* avait lieu, et, immédiatement après, l'ancien esclave renouvelait son serment. Ce second serment qui, d'après les principes généraux du droit, était impuissant à engendrer une obligation civile, avait été élevé à la hauteur d'un véritable contrat *verbis* analogue à la stipulation. Mais le maître pouvait-il obliger l'affranchi à prêter un second serment ? Pendant longtemps il n'eut aucun moyen légal; il n'en avait du reste pas besoin : les mœurs, à défaut de loi, le protégeaient suffisamment contre le mauvais vouloir de l'affranchi. Par suite des idées religieuses des vieux romains, le serment était considéré comme un lien plus fort que tous les liens de création légale, et dès lors, il n'était pas à craindre que l'affranchi eût l'impudeur de se refuser à prêter un serment qui avait sa cause dans un précédent serment.

Avec la corruption des mœurs, la force obligatoire du lien religieux s'affaiblissait de jour en jour, et il arriva un moment où il fut nécessaire de donner au patron les garanties que les mœurs ne lui offraient plus. Aussi, est-il permis de supposer que, vers la fin de l'époque classique, le maître qui avait entendu subordonner l'affranchissement à la condition que l'affranchi s'engagerait *verbis* aux *operæ* avait une action *de dolo* pour le contraindre à cet engagement. Cette conjecture, à laquelle M. Accarias a prêté le puissant appui de son autorité repose sur un texte d'Ulpien qui forme la loi 7 § 8, D. IV, 3.

Des développements qui précèdent, il résulte que la prestation du premier serment répondait à une véritable nécessité et qu'elle atteignait le but désiré puisqu'elle obligeait l'affranchi à transformer une obligation morale en un engagement civil. Or, était-il nécessaire de **créer** un nouveau contrat, le *jusjurandum liberti?* Sans doute, on ne pouvait pas admettre, comme l'avaient fait certains jurisconsultes, que le serment prêté en esclavage devait devenir civilement obligatoire par le fait seul et à l'instant même de la *manumissio* (1). Cette solution heurtait trop directement les principes. Il fallait un nouvel engagement ; mais une forme spéciale était-elle indispensable ? La stipulation ne suffisait-elle pas ? Si le lien résultant du serment était assez puissant pour contraindre l'affranchi à renouveler son *jusjurandum,* comment admettre qu'il ne le fût plus assez pour le contraindre à s'obliger par stipulation ? La cause déterminante de l'engagement ne restait-elle pas la même ? Et qu'importait que l'engagement fût contracté dans telle forme plutôt que dans telle autre, alors surtout que le *jusjurandum liberti* produisait des effets aussi énergiques que la stipulation. Nous n'apercevons donc pas les motifs de la création de ce nouveau contrat *verbis.* Quoi qu'il en soit, il existait à Rome; il resta en vigueur pendant de longs siècles ; sous Justinien, il n'était pas encore abrogé puisque Tribonien a inséré au Digeste de nombreux textes le concernant ; d'où il mérite de fixer son attention.

1. L. 44. D. *De liberali causâ* XL. 12.

Il était soumis à peu de choses près, aux mêmes règles que la stipulation. Comme elle, il était sanctionné par une *condictio* (1). Les obligations qui en résultaient pouvaient être garanties par un *sponsor* ou un *fidepromissor* (2); elles pouvaient aussi s'éteindre par acceptilation. Ce dernier point ne fut sans doute pas admis dans le droit primitif, car l'acceptilation consistait dans une interrogation et une réponse identiques, formalités que ne comportait pas le *jusjurandum liberti*; cependant, après controverse, les jurisconsultes admirent que ce mode d'extinction créé uniquement en vue de la stipulation serait applicable aux autres contrats *verbis* et notamment à celui dont nous nous occupons (3).

Au point de vue de la capacité requise, on s'était montré moins rigoureux pour le *jusjurandum liberti* que pour la stipulation. Alors qu'un impubère ne pouvait pas jouer le rôle de promettant dans une stipulation, l'affranchi impubère s'engageait valablement aux *operæ* par le *jusjurandum* (4).

L'obligation des *operæ* s'éteignait de plusieurs manières; tout d'abord, par la *capitis deminutio* du patron; d'où, si celui-ci se donnait en adrogation, les *operæ* ne passaient pas à l'adrogeant, l'adrogation profitait à l'af-

---

1. Outre cette *condictio*, le patron avait à sa disposition de ces nombreux interdits que délivrait le préteur : l'*interdictum de liberto exhibendo* (Gaius, IV, 162. — L. 2 § 1. D. *De interdictis* XLIII, I).

2. L. 8, § 1 et L. 44. D. *De operis libert.* XXXVIII, 1.

3. L. 13 pr. D. *De acceptilatione* XLVI, 4.

4. L. 5, § 5. D. *De operis libert.* XXXVIII, 1.— L. 44, § 2. D. *De liberali causâ* XL, 12.

franchi (1). Dans le texte correspondant, Gaius (2) paraît supposer que les *operæ* sont dues en vertu du *jusjurandum;* mais le jurisconsulte n'a pas entendu établir une opposition entre ce cas et celui où l'affranchi s'est engagé par la voie de la stipulation. S'il parle uniquement du *jusjurandum,* c'est que telle était la forme la plus usitée. Il n'y a d'ailleurs pas de motif de distinguer ; et nous ajoutons que les termes généraux dont se sert Justinien repoussent toute distinction.

La créance des *operæ* s'éteignait également par la *capitis deminutio* de l'affranchi.

Était libéré des *operæ,* l'affranchi qui avait un enfant âgé de cinq ans ou deux enfants plus jeunes soumis à sa puissance (3). De même, l'affranchie âgée de plus de cinquante ans. Mais cette faveur n'avait pas été étendue à l'affranchi. Était également libérée des *operæ,* l'affranchie qui contractait mariage avec l'assentiment de son patron (4). La raison en est que la nouvelle épouse ne doit pas être partagée entre ses devoirs envers son mari et l'obéissance à l'égard de son ancien maître. Ce motif n'existait pas lorsque l'affranchissement émanait d'une femme ; dans ce cas, il n'y avait pas incompatibilité entre le service des *operæ* et les devoirs résultant des *justæ nuptiæ;* aussi, les jurisconsultes admettaient-ils que

---

1. Instit. §1, liv. III, tit. x.
2. Gaius, III, 83.
3. L. 37, pr. D. *De operis libert.* XXXVIII, I.
4. L. 48, pr. *eod. tit.* D., *eod. tit.*

la patronne, en consentant au mariage de son affranchie, ne se dépouillait pas du droit aux *operæ* (1). Ajoutons que, lorsque le mariage était rompu (2), les *operæ* recommençaient à être dues au patron (3).

L'affranchie débitrice des *operæ* cessait de les devoir si « *ad eam dignitatem perveniat ut inconveniens sit præstare patrono operas* (4). »

Enfin, les *operæ* s'éteignaient lorsque, à raison de son âge ou de son état de maladie, l'affranchi devenait incapable de les fournir.

Les règles que nous venons d'exposer sont communes à toutes les *operæ* ; à certains égards, il importe cependant d'en distinguer deux classes : les *operæ officiales* et les *operæ fabriles*.

Les premières consistaient, ainsi que l'indique leur dé-

1. L. 48, § 2, D. *De operis libert.* XXXVIII, 1.

2. L. 48, § 1, D., *eod. tit.*

3. Nous ferons remarquer que tous les textes où il est question du consentement donné par le patron au mariage de son affranchie se réfèrent uniquement aux *operæ* et non à la validité des justes noces elles-mêmes. On a soutenu, il est vrai, que le consentement du patron était requis, à peine de nullité du mariage de l'affranchie ; et, à l'appui de cette opinion, on a invoqué la loi 13 § 4, D., *eod. tit.* ainsi conçu : « *Si impubes sit patronus, voluntate ejus non videtur liberta nupta, nisi tutoris auctoritas voluntati accesserit.* » Nous ne partageons pas cette manière de voir. Dans ce fragment, le jurisconsulte n'examine pas, en effet, le point de savoir si les justes noces étaient valables ou non ; il recherche seulement si le consentement du patron impubère peut lui être opposé par l'affranchie qui se prétend dispensée des *operæ*. Au surplus, en supposant que le doute existât, il serait complètement levé par la oi 28, D·, *eod. tit.* : « *Si duorum, pluriumve communis liberta, unius patroni voluntate nupserit, alteri patrono jus operarum manet.* » La loi 30, § 1 D., *id· id.* n'est pas moins formelle dans le même sens.

4. L. 34. D. *De operis libert.* XXXVIII, 1.

nomination, en bons offices que l'affranchi doit rendre à son patron, « en services qui ne valent qu'en les supposant rendus par un tel à un tel (1). » Ainsi, lorsque l'affranchi accompagne son patron dans un voyage ou gère ses affaires, il accomplit des *operæ officiales* (2).

Les *operæ fabriles* sont les services dont l'utilité se comprend indépendamment de celui qui les doit et de celui auquel ils sont dûs, parce qu'ils ont une valeur appréciable en argent, « *quasi in pecuniâ,* » dit Ulpien (3). Ils sont appelés *fabriles* parce qu'ils résultent de la profession ; ainsi l'affranchi qui, mime, médecin ou artiste distrait, soigne son patron ou travaille pour lui, accomplit les *operæ fabriles*.

De cette différence dans la nature des *operæ* découlent les conséquences suivantes :

1o Les *operæ officiales* ne sont dues qu'au patron lui-même ; elles ne sont donc pas transmissibles à ses héritiers et ne peuvent pas être cédées à des tiers. A cette dernière règle, Marcellus paraît apporter une exception dans la loi 26, § 12, *in fine,* D. XII, 6. Prévoyant l'hypothèse où un affranchi qui doit à son patron des *operæ officiales quæ sunt in artificio,* a été délégué au créancier de ce patron, le jurisconsulte admet la validité de la délégation et reconnaît par là la faculté de céder ces *operæ*. Il n'y a pas, d'après nous, de dérogation à la règle, car

---

1. Accarias. *op. cit.* IIe vol. p. 198, note 3.
2. L. 38, *in fine,* D., *eod. tit.*
3. L. 6, D., *eod. tit.*

les *operæ quæ sunt in artificio* ne rentrent pas dans les *officiales*, mais dans les *fabriles*. D'où, en les qualifiant d'*officiales*, Marcellus a exprimé une opinion particulière ou commis une inexactitude de langage, à moins que le texte n'ait été interpolé par Tribonien (1).

A la différence des *operæ officiales*, les *operæ fabriles* sont susceptibles d'être cédées (2). Elles sont transmissibles aux enfants du patron entre lesquels elles se partagent également quoiqu'ils aient été institués pour des parts inégales (3). Sous ce dernier rapport, les *operæ fabriles* sont assimilées aux *jura patronatus* ; mais elles en diffèrent à d'autres points de vue ; ainsi, elles ne peuvent pas faire l'objet d'une *adsignatio*, et d'autre part, elles se transmettent à tous héritiers même externes, et ne passent jamais aux descendants exhéridés. Ces différences se justifient par cette considération que les *jura patronatus* constituent des droits de famille, tandis que le droit aux *operæ fabriles* est une véritable créance traitée *perinde ac pecunia credita* (4).

2° L'affranchi qui avait fourni au patron des *operæ officiales* qu'il croyait lui devoir et qu'il ne lui devait pas en réalité parce qu'elles n'avaient été ni stipulées ni jurées, ne pouvait pas intenter la *condictio indebiti*, car il était censé avoir acquitté une obligation naturelle : *naturâ ei*

---

1. Comp. L. 9, § 1, et L. 25, § 2, D., *de op. libert.* XXXVIII, 1.
2. L. 6 et L. 9, § 1, D., *eod. tit.*
3. L. 7, § 6, D., *eod. tit.*
4. L. 4, D., *eod. tit.*

debentur, disent Ulpien, Marcellus et Julien (1). Au contraire, en matière d'*operæ fabriles*, la *condictio indebiti* est recevable : « *Nam plerumque robur hominis, ætas temporis, opportunitasque naturalis mutat causam operarum : et ideo nec volens quis reddere potest* (2) » ;

3° Enfin, les *operæ fabriles* peuvent faire l'objet d'une obligation corréale (3). Il en est autrement des *operæ officiales*. Cette différence s'explique aisément si l'on se rappelle que ces dernières ne valent que rendues par un tel à un tel, tandis que les premières ont une valeur pécuniaire, abstraction faite de la personne qui les doit et de celle à qui elles sont dues.

1. L. 26, § 12. D. *de cond. indeb.* XII, 6.
2. L. 26, § 12 D. *eod. tit.*
3. L. 5, D. *de duobus reis*, XLV, 2.

DEUXIÈME PARTIE

CONDITION DES AFFRANCHIS LATINS-JUNIENS

Il n'y eut pendant longtemps, à Rome, qu'une seule classe d'affranchis, celle des affranchis citoyens romains. C'était là l'application d'une règle que les Instituts font remonter à l'origine même du droit, règle d'après laquelle le *manumissus* empruntait la nationalité du *manumissor* (1). Tout esclave affranchi par un citoyen romain devait donc nécessairement ou devenir citoyen ou rester légalement esclave ; il n'y avait pas de situation intermédiaire. Mais la loi Junia Norbana dérogea à ce principe, en instituant une nouvelle classe d'affranchis, les latins-juniens dont la condition était inférieure à celle des citoyens quoique supérieure à celle des pérégrins. Postérieurement à la loi Junia Norbana, de nouvelles causes de latinité junienne furent introduites. soit par la loi Ælia Sentia, soit par les empereurs. Et, en définitive, dans le dernier état du droit, un esclave devient latin-junien dans cinq cas :

1° Lorsque le maître s'est borné à manifester claire-

3. Instit., § 3, liv. I, tit. v.

ment son intention d'affranchir sans recourir à l'un des trois modes solennels : le cens, la vindicte ou le testament ;

2° Lorsque l'affranchissement émane d'un maître qui n'a sur son esclave que la propriété bonitaire, par opposition au *dominium ex jure Quiritium;*

Ces deux premiers cas remontent à la loi Junia Norbana.

3° D'après la loi Ælia Sentia, l'esclave affranchi, âgé de moins de trente ans, devient latin-junien, à moins que l'affranchissement n'ait eu lieu *vindicta,* en vertu d'une juste cause approuvée par un conseil.

4° Par application d'un édit de Claude, l'esclave abandonné par son maître *ob gravem infirmitatem* devient libre, mais latin-junien (1) ;

5° Sont également latins-juniens, aux termes d'une constitution de Constantin, les enfants issus d'une femme ingénue et d'un *servus fiscalis* (2).

Quelle était la condition de ces latins-juniens ? C'est ce que nous avons à rechercher. Fidèle à la division que nous avons adoptée dans la première partie, nous les envisagerons comme membres de la société et dans leurs rapports avec leurs patrons.

1. Lex *unica,* § 3, *De Lat. lib.,* C. VII, 6.
2. L. 3, *ad sct Claud.,* C. Th., IV, 11.

CHAPITRE PREMIER

Ils étaient complètement privés des droits politiques ;
ils n'avaient donc à aucun degré le *jus honorum* ni le *jus
suffragii.*

Ils étaient également exclus des légions ; mais ils pouvaient servir dans le corps des vigiles ; il est même probable qu'ils y servaient souvent, car ils trouvaient là un
moyen facile d'acquérir la cité romaine. Cette acquisition
était subordonnée, d'après la loi Vitellia, à une durée de
six années qui plus tard fut réduite à trois.

Sous le rapport des impôts, ils étaient placés sur la
même ligne que les affranchis citoyens romains, c'est-à-
dire taxés arbitrairement par les censeurs. Mais étaient-
ils tenus de la *vicesima libertatis?* La question ne laisse pas
que d'être douteuse. Voici comment s'exprime sur ce
point M. Vigié, dans son étude précédemment citée :
« Presque tous les auteurs latins qui ont écrit sur notre
impôt répondent que les latins-juniens n'avaient pas à
payer l'impôt. Il faut bien reconnaître qu'aucun texte

formel ne vient confirmer ou détruire leur assertion. Au moins font-ils valoir les arguments suivants : l'affranchi latin-junien n'obtenait pas la cité romaine ; l'impôt *vicesima libertatis* étant le prix de la cité romaine obtenue; comment le latin-junien y serait-il soumis? En outre, le citoyen romain, au moment où fut rendue la loi Junia Norbana, jouissant de prérogatives importantes, notamment de ne pas payer l'impôt foncier, etc., ne peut-on pas supposer que le latin-junien ne participant pas aux prérogatives indiquées ne dût pas payer la *vicesima libertatis* ? — En présence du silence des sources, nous pensons qu'il est prudent de ne pas conclure et reconnaître que c'est là un point sur lequel on ne peut pas apporter une solution formelle (1). » Nous nous tiendrons nous aussi dans une prudente réserve.

Enfin, en droit criminel, les Latins-juniens ne devaient pas être mieux traités que les affranchis citoyens romains, peut-être même l'étaient-ils moins bien.

Au point de vue du droit privé, l'infériorité des Latins-juniens s'accusait principalement par la privation du *jus Connubii* (2). Ils étaient donc incapables de contracter des *justæ nuptiæ* ; d'où, l'enfant issu de l'union d'un citoyen romain avec une Latine-junienne était Latin-junien, en vertu de la règle : l'enfant né en dehors des justes noces suit la condition de sa mère. Par application de la même règle, l'enfant issu d'un Latin-junien et d'une citoyenne

1. Vigié, Etude sur les impôts indirects romains, page 6.
2. Ulpien, *Reg.* Titre V. §§ 4 et 9.

romaine aurait dû naître citoyen romain. Telle fut, en effet, la solution consacrée par un S.-C. d'Adrien, visé par Gaius (1). Mais, à moins de refuser toute signification à ce sénatus-consulte, il faut reconnaître qu'auparavant il en était autrement et que l'enfant naissait latin-junien. Cette dérogation à la règle précitée avait probablement été établie par la loi Mensia ou tout au moins en découlait par voie de conséquence. Cette loi déclarait que l'enfant qui comptait un pérégrin parmi ses auteurs naissait lui-même pérégrin. N'était-il pas conforme à son esprit d'étendre cette décision au cas où l'un des deux auteurs était Latin-junien ?

Le Latin-junien ne possédait pas la *patria potestas* sur ses enfants. On sait, en effet, que la puissance paternelle était exclusivement réservée aux citoyens romains.

Les Latins-juniens jouissaient en principe du *jus commercii*. Ainsi Ulpien (2) déclare formellement qu'ils peuvent figurer dans la mancipation, soit comme acquéreurs, soit comme aliénateurs. Toutefois, ils n'avaient pas le *jus commercii* dans toute sa plénitude. Quelques-unes des prérogatives découlant de ce droit leur avaient été enlevées par la loi Junia Norbana. Ils n'avaient pas le droit de faire un testament, mais ils pouvaient figurer dans le testament d'autrui, soit comme *libripens*, soit comme *emptor familiæ*, soit même comme témoin. On a objecté, il

1. Gaïus, 1, 30.
2. Ulpien, *Reg.* Titre XIX, § 4.

7

est vrai, que Gaius (1) paraît exiger chez les témoins la
qualité de citoyen romain ; l'objection n'est pas concluante;
dans ce texte, les citoyens romains sont opposés aux pérégrins et non aux Latins-juniens. Notre manière de voir
se justifie d'ailleurs par le principe posé ci-dessus, à savoir
que les Latins-juniens jouissaient de tous les attributs du
jus commercii, à l'exception de ceux dont ils avaient été formellement privés. Or, la loi Junia Norbana ne leur avait
pas enlevé le droit de figurer dans le testament d'autrui,
c'est donc qu'elle avait entendu le leur laisser. Au surplus, Ulpien est très positif en ce sens (2).

Ils avaient également la *factio testamenti* passive, c'est-
à-dire la capacité d'être institués héritiers ou légataires,
mais ils ne jouissaient pas du *jus capiendi* (3). Une objection se présente tout naturellement à l'esprit. De quelle
utilité pouvait être pour le Latin-junien la *factio testamenti*,
du moment qu'on lui refusait le droit de recueillir le bénéfice de l'institution faite à son profit? Ne semble-t-il pas
qu'en lui enlevant le *jus capiendi* on rend par cela même
illusoire la *factio testamenti*? Il est aisé de répondre. Sans
doute, l'institution faite en faveur du Latin-junien restera
sans effet s'il est encore Latin-junien au décès du testateur
ou dans les 100 jours de ce décès ; dans ce cas, il sera vrai
de dire que la loi, en lui laissant la *factio testamenti* ne lui
a laissé qu'un droit purement nominal et absolument illu-

1. Gaïus, II, 104.
2. Ulpien, *Reg.* Titre XX, § 8.
3. Id. Titre XVII, § 1 et XXII. § 3.

soire. Pourtant, il n'en était pas toujours ainsi. En effet, d'après les principes du droit romain, le *jus capiendi* était requis, non pas au jour de la confection du testament comme la *factio testamenti*, pas même au décès du testateur, mais seulement dans les cent jours de ce décès. Grâce à cette observation, il est très facile de dégager l'hypothèse où la *factio testamenti* présentait une utilité évidente pour le Latin-junien. Il suffit de supposer que l'institué, Latin-junien au moment de la confection du testament, est devenu citoyen romain pendant la vie du testateur ou dans les cent jours de son décès. Dans ce cas, il y avait grand intérêt à savoir s'il possédait ou non la *factio testamenti*, puisque le sort de l'institution dépendait uniquement de la solution de cette question. L'hypothèse que nous venons de proposer ne devait pas être rare dans la pratique, par suite des nombreuses facilités offertes aux latins-juniens pour acquérir la cité romaine et du délai souvent fort long qui s'écoulait entre la confection du testament et le moment où s'appréciait le *jus capiendi*.

La privation du *jus capiendi*, restreinte par la loi Junia Norbana aux institutions d'héritier et aux legs, fut étendue par un sénatus-consulte aux donations *mortis causa* (1).

Les latins-juniens pouvaient *capere ex fideicommisso* (2), et ce droit ne leur fut jamais retiré. Le S.-C. Pégasien, qui étendit aux fidéicommis les incapacités dont les lois caducaires avaient frappé les *cœlibes* et les *orbi* en matière

1. L. 35, pr. D. *de mortis causâ* XXXIX, 6.
2. Gaïus, I, 24. — II, 275.

de legs, laissa les Latins-Juniens en dehors de ses prescriptions ; d'où, à partir de l'époque où les fidéicommis devinrent obligatoires, il fut très facile à un testateur d'éluder les prohibitions de la loi Junia Norbana.

Cette même loi enleva aux Latins-Juniens le droit d'être nommés tuteurs testamentaires ; elle consacra ainsi une dérogation à la règle d'après laquelle tous ceux qui ont la *factio testamenti* avec le testateur peuvent être appelés à la tutelle testamentaire (1) ; mais toute autre tutelle leur était valablement déférée.

Des développements précédents, il ressort que les Latins-Juniens avaient un *jus commercii* fort restreint. Il faut donc n'accepter qu'avec une certaine réserve l'affirmation suivante de Gaïus ; *Latini ideo nam adsimilati sunt latinis colonariis* (2). Ceux-ci, en effet, jouissaient du *jus commercii* plein et entier.

1. Ulpien, *Reg.* Titre XI. § 16.
2. Gaïus, I, 22.

CHAPITRE DEUXIÈME

En ce qui concerne l'*obsequium* et l'*operarum obligatio,*
le Latin-Junien était placé sur la même ligne que l'affranchi citoyen romain; nous n'avons donc qu'à nous référer sur ces deux points aux explications déjà four-
nies.

Mais la succession et la tutelle du Latin-Junien étaient
régies par des règles spéciales que nous allons exposer :

§ 1. *De la succession du Latin-Junien.*

Le Latin-Junien devenait dès le jour de son affranchissement, capable d'acquérir sinon par tous les modes, du
moins par ceux dont l'emploi ne lui avait pas été formellement retiré et les acquisitions ainsi faites lui
profitaient exclusivement. Il était donc possible qu'il
laissât des biens à son décès. A qui ces biens étaient-ils
dévolus ? Il ne pouvait être question d'héritiers testamentaires puisque nous savons que le Latin-junien était
incapable de tester. D'autre part, il n'avait ni enfants en

puissance, ni agnats, ni *gentiles ;* dès lors le patron devait être tout naturellement appelé à recueillir ses biens. Telle est, en effet, la décision de la loi Junia-Norbana. Mais à quelle titre venait le patron? Ce n'était pas comme héritier *ab intestat* « *sed quodam modo jure peculii* », à titre de propriétaire (1). Le droit du patron était si absolu que, même *viventi adhuc Latino,* il pouvait disposer par avance des biens que ce Latin laisserait à son décès : « *Valerius Paulinus,* dit Pline le jeune, *excepto uno, jus Latinorum suorum mihi reliquit* (2) ». Il est à peine besoin d'ajouter que l'action Calvisiana donnée contre l'affranchi citoyen romain qui avait frauduleusement aliéné ses biens, pour diminuer les droits du patron, pouvait par *a fortiori* être intentée contre le Latin-Junien.

Les biens laissés par un Latin-Junien constituaient donc un pécule plutôt qu'une succession. Cet état de choses se justifie aisément. Avant la loi Junia-Norbana, l'esclave affranchi par des modes non solennels ou par un propriétaire bonitaire restait esclave en droit et ne pouvait par conséquent posséder qu'un pécule. Le préteur, il est vrai, lui garantissait la jouissance de ce pécule, de même qu'il lui assurait la liberté de fait; mais à sa mort, le pécule retournait naturellement au maître. La loi Junia-Norbana transforma l'esclave libre de fait en un affranchi, le maître en un patron et le pécule en un patrimoine. Toutefois, elle crut faire assez pour celui qui

1. Gaius, III, 56, *in fine.*
2. Pline, Liv. X, *Epist.* 105.

était l'objet de sa sollicitude en limitant ces transformations à la durée de sa vie; ainsi s'explique que le patrimoine redevienne pécule au décès du Latin-Junien. La situation de cette classe d'affranchis a été fort bien résumée par les commantateurs du Droit Romain, dans la formule suivante : le Latin-Junien vit libre et meurt esclave.

De cette idée que le patron recueille les biens du Latin-Junien à titre de propriétaire plutôt que comme héritier, découlent plusieurs conséquences que Gaius signale comme constituant autant de différences entre la succession des affranchis citoyens romains et les biens laissés par le Latin-Junien. Ces différences sont au nombre de cinq.

1° Nous avons établi que les *heredes extranei* du patron prédécédé n'ont jamais aucun droit à la succession des affranchis citoyens romains (1). Cette succession est dévolue aux fils du patron ou à ses descendants *ex filio* alors même qu'ils auraient été régulièrement exhérédés. Au contraire, les biens du Latin-Junien *tanquam peculia servorum* appartiennent même aux *heredes extranei* et non aux enfants exhérédés du *manumissor* (2).

2° La succession de l'affranchi citoyen romain qui a deux ou plusieurs patrons se divise également entre eux quoiqu'ils aient eu des parts inégales de propriété sur l'esclave avant son affranchissement. Au contraire, les

1. Voir page 53.
2. Gaius, III, 58.

biens du Latin-Junien sont répartis entre les patrons au prorata de leurs droits sur l'esclave (1). Il est à peine besoin de faire remarquer que nous supposons les patrons co-propriétaires de l'esclave. La solution serait différente s'il s'agissait de patrons successifs, ce qui peut arriver lorsque l'affranchi retombant en esclavage est de nouveau libéré de la servitude. Dans ce cas, le patron second en date prime le premier (2).

3° Étant donné deux patrons dont l'un survit à l'autre, le survivant est appelé seul à la succession de l'affranchi citoyen romain à l'exclusion des enfants du prédécédé. Résultat inverse relativement aux biens du Latin-Junien : le patron survivant vient en concours avec les héritiers du patron prédécédé, ces derniers recueillant la part à laquelle leur auteur aurait eu droit (3). De même, si de deux patrons, l'un laisse trois enfants et l'autre un seul, la succession de l'affranchi citoyen romain se divise en quatre parties égales dont l'une attribuée à l'enfant unique et les trois autres à chacun des trois frères. En pareille hypothèse, les biens du Latin-Junien seront ainsi divisés : l'enfant unique aura droit à toute la part qu'aurait recueillie son père s'il avait survécu et les trois frères se partageront le surplus (4).

4° Un affranchi meurt laissant deux patrons dont l'un

---

1. Gaius, III, 59.
2. L. 32. D. *de bon. lib.* XXXVIII, 2.
3. Gaius, III, 60.
4. Gaïus, III, 61.

fait défaut. Cet affranchi est-il citoyen romain, la part du défaillant accroît à l'autre. Est-il latin-junien, on refuse à chaque patron la vocation au tout; d'où, la part du défaillant n'est pas recueillie par l'acceptant. Que devient cette part? Elle appartient au peuple, nous dit Gaïus (1). Cette attribution au peuple s'explique très logiquement dans le cas où le patron étant mort avant l'affranchi, personne n'a recueilli la succession de ce patron. Mais dans l'hypothèse où il survit au latin comment justifier la solution de Gaïus? Le patron n'a-t-il pas été investi de plein droit au jour du décès de l'affranchi de cette part qui est censée n'avoir jamais cessé de lui appartenir? Pour tout concilier, il suffit de supposer que Gaïus a uniquement prévu la première hypothèse, celle du prédécès du patron et, comme le fait remarquer M. Accarias (2), « le texte *(pro parte decedentis patroni)* se plie sans effort à cette interprétation ».

5° Il est une dernière différence que Gaïus ne mentionne pas spécialement, mais qui découle des principes généraux. Le patron qui a fait adition de l'hérédité de l'affranchi citoyen romain est tenu comme tout héritier externe des dettes de cette succession *ultra vires*, à moins qu'il ne l'accepte sous bénéfice d'inventaire. Relativement aux biens du latin-junien, il n'a pas besoin d'invoquer ce bénéfice pour se soustraire à cette obligation. En effet, il ne peut être poursuivi par les créanciers du latin-

1. Gaïus, III, 62.
2. Accarias, *op. cit.* Tome I, p. 1186, note 3, *in fine.*

junien qu'au moyen de l'action de *peculio* ; or, le patron
défendeur à cette action n'est condamné au maximum
que jusqu'à concurrence de la valeur du pécule. Sans
doute, en règle générale, par l'action de *peculio*, le maître est également tenu du *de in rem verso* (1), mais, dans
notre hypothèse, la question de l'*in rem versum* ne se po-
sera jamais puisque, ainsi que nous l'avons déjà dit, les
acquisitions faites par le latin profitent à lui seul et non
à son patron.

Telles sont les règles qui, d'abord établies uniquement
en vue des latins-juniens créés par la loi Junia Norbana,
furent plus tard étendues aux nouveaux latins-juniens de
la loi Ælia Sentia.

De ces cinq règles, la première, en vertu de laquelle
les biens des latins étaient attribués aux héritiers externes à l'exclusion des descendants exhérédés du patron,
fut modifiée par le S.-C. Largien rendu sous Claude, en
l'an 42 de l'ère chrétienne. Ce sénatus-consulte maintint
l'ancien droit dans le cas où l'exhérédation des enfants du
patron avait eu lieu *nominatim* ; mais, dans tous les autres cas, les enfants furent préférés aux héritiers externes (2). Voici les principales applications de cette innovation :

1° Le patron a exhéridé *inter cœteros* sa fille et ses pe-

---

1. Gaïus, IV, 73.
2. Dans la loi 27, D. *de bon. lib.* XXXVIII, 2, il s'agit probablement d'un
exnerédatus nominatim.

tits enfants *ex filio,* et institué un *heres extraneus*; celui-ci sera exclu par les descendants exhérédés (1) ;

2° Le patron ayant un fils émancipé l'a omis ; quoique celui-ci n'ait pas demandé la *bonorum possessio contra tabulas* à laquelle il aurait eu droit, il primera cependant l'*heres extraneus,* car on ne peut pas dire de l'enfant omis qu'il a été exhérédé *nominatim* (2) ;

3° L'héritier sien du patron qui use du *jus abstinendi* conserve néanmoins son droit aux biens laissés par le latin-junien (3).

Quelle que soit l'importance de l'innovation du S.-C. Largien, il est manifestement inexact de soutenir avec Pegasus que, à partir de ce sénatus-consulte, les biens laissés par l'affranchi latin-junien furent soumis aux mêmes règles que l'hérédité des affranchis citoyens romains. Cette hérédité n'était jamais déférée aux *heredes extranei* du patron, tandis que ceux-ci pouvaient recueillir les biens du latin-junien (4).

La rédaction de ce sénatus-consulte devait laisser à désirer, car, d'après Gaïus, il avait donné lieu à quelques controverses.

On s'était demandé si le sénatus-consulte était applicable au cas où le patron avait laissé un petit-enfant *ex filiâ* et un *heres extraneus,* ainsi qu'au cas où une pa-

---

1. Gaïus, III, 66.
2. Id., III, 65.
3. Id., III, 67.
4. Id., III, 64.

tronne laissait un enfant et un *heres extraneus*. Cassius admettant l'affirmative décidait que l'*heres extraneus* était exclu par le petit-enfant du patron et par l'enfant de la patronne. Mais cette opinion n'était pas généralement suivie et Gaïus la rejette énergiquement par cette raison que le sénatus-consulte a eu uniquement en vue les descendants dont l'exclusion est subordonnée à une exhérédation nominative et non ceux qu'il suffit d'omettre, tels que les enfants de la patronne et les petits enfants *ex filiâ* du patron (1).

On s'était également posé la question de savoir comment s'effectuait le partage des biens du latin-junien entre les enfants du patron appelés à les recueillir. Voici l'hypothèse : un patron ayant deux enfants, *Primus* et *Secundus*, institue le premier pour un sixième et le second pour deux sixièmes ; il institue, en outre, un *extraneus* pour les trois sixièmes restants. Il est évident que l'*extraneus* sera complètement exclu des biens du latin-junien ; les deux enfants les recueilleront en totalité ; mais comment s'effectuera entre eux le partage de ces biens ? D'après Cœlius Sabinus, chacun des enfants aura droit à la moitié, car dès qu'il y a un *heres extraneus*, on doit appliquer le système du S.-C. Claudien et non celui de la loi Junia Norbana. Javolenus pensait, au contraire, qu'il fallait combiner les deux systèmes et procéder ainsi : les 3/6 enlevés à l'*extraneus*, par application du sénatus-consulte, doivent se répartir également entre les deux

1. Gaïs, III, 71.

enfants ; d'où, du chef de l'*extraneus* chacun d'eux aura droit aux 3/12. Quant au 3/6 pour lesquels ils ont été institués, ils se les partageront en proportion de leurs parts héréditaires ; *Secundus* dont la part est double de celle de *Primus* aura donc droit à 4/12 et *Primus* à 2/12. En définitive, suivant l'opinion de Javolenus, *Primus* recueillera 5/12 et *Secundus* 7/12. Gaïus (1) se borne à rappeler la controverse, sans prendre parti, ce qui semble indiquer que les deux systèmes étaient également soutenables.

Les règles que nous venons d'exposer cessaient de recevoir leur application lorsque le Latin-Junien avait, avant sa mort, acquis la cité romaine. Dans ce cas très-fréquent à raison des nombreuses facilités offertes au Latin-Junien pour devenir citoyen romain, il laissait une véritable succession régie par les mêmes principes que celle de l'affranchi citoyen romain. Toutefois, une constitution de Trajan décida que si le Latin-Junien avait obtenu le droit de cité *beneficio principis*, contre le gré ou à l'insu de son patron, il serait réputé mourir Latin-Junien. C'est à ce cas que Gaïus fait allusion quand il dit : « *Aliquando tamen civis romanus libertus tanquam Latinus moritur* » (2). On en avait conclu que ses enfants sur lesquels il avait eu la puissance paternelle de son vivant, n'étaient pas, à sa mort, des *heredes sui* et étaient exclus par le patron, et d'autre part que le testament qu'il au-

1. Gaïus, III, 70.
2. Gaïus, III, 72.

rait pu faire était non avenu, à moins qu'il n'eût institué son patron pour le tout. On lui permettait cependant de donner au patron un substitué (1). Mais cette constitution pouvait dans certains cas rendre préjudiciable pour l'affranchi la faveur impériale dont il avait été l'objet, car, devenu citoyen romain par l'effet de cette faveur, il n'avait aucun moyen de se soustraire aux déchéances édictées par Trajan. Il y avait là une iniquité. Aussi, un sénatus-consulte rendu sur la proposition d'Adrien déclara-t-il que si, postérieurement au *beneficium principale*, l'affranchi pouvait faire la *causæ probatio*, il deviendrait véritablement affranchi citoyen romain et jouirait de tous les avantages attachés à ce titre (2).

Ce sénatus-consulte d'Adrien est la dernière décision relative aux biens des Latins-Juniens. C'est qu'en effet ces Latins devenaient de plus en plus rares ; la distinction entre la propreté quiritaire et la propreté bonitaire disparaissait du domaine de la pratique ; l'approbation du *consilium* nécessaire pour l'affranchissement de l'esclave mineur de 30 ans ne se refusait guère jamais en présence d'une volonté bien arrêtée du maître ; ainsi s'épuisaient chaque jour les deux principales sources de la latinité junienne. Dès lors, les successeurs d'Adrien jugèrent inutile s'occuper des biens des Latins-Juniens. A la fin du Bas-Empire, ces affranchis sont devenus extrêmement rares; aussi, Justinien, en les supprimant et en rétablissant dans

1. Gaïus, III, 72.
2. Gaïus, III, 73.

la matière des affranchissements l'unité qui avait été le point de départ de la législation romaine, se borna-t-il à consacrer un état de choses qui existait déjà depuis long-temps.

§ 2. *De la tutelle des Latins-Juniens.*

Par application de la règle *ubi est emolumentum ibi et onus tutelæ esse debet*, la tutelle du Latin-Junien était défé-rée au patron et, à son défaut, à ses héritiers quels qu'ils fussent. Toutefois, le principe *ubi est emolumentum* compor-tait une dérogation lorsque l'affranchissement émanait d'un propriétaire bonitaire. Dans ce cas, la tutelle appar-tenait non au manumissor mais au *dominum ex jure quiri-tium*, bien que celui-ci ne fût jamais appelé à recueillir les biens du Latin-Junien (1). Que si cette charge lui pa-raissait trop onéreuse, il avait à sa disposition un moyen bien simple de s'y soustraire; il lui suffisait, pour cela, de procéder à un nouvel affranchissement qui conférait au Latin la cité romaine, et l'affranchi devenu citoyen tom-bait ainsi sous la tutelle du premier *manumissor* (2).

1. Gaïus, I, 167.
2, Ce point n'est indiqué par aucun texte, mais il nous parait conforme aux principes.

TROISIÈME PARTIE

CONDITIONS DES AFFRANCHIS DÉDITICES.

Avant la loi Ælia Sentia on n'exigeait de l'affranchi aucune condition de moralité ; d'où, l'esclave le plus vil et
le plus criminel pouvait devenir citoyen romain par un
affranchissement régulier. Or, l'introduction dans la cité
d'hommes flétris par la justice constituait un véritable
péril social. Sans doute, tant que les maîtres eurent conscience de la valeur du titre de citoyen romain, ils durent
se garder de conférer ce titre à ceux de leurs esclaves que
leur passé en rendait indigne ; mais un jour vint où ils
n'eurent plus un tel souci. A défaut de mœurs, la loi devait donc intervenir et rejeter de la cité ces éléments im-
purs qui exerçaient sur la partie saine de la population
une influence démoralisatrice. Aussi, la loi Ælia Sentia re-
fusa-t-elle l'accès de la cité à tous ceux qui pendant leur
esclavage auraient été : 1° mis aux fers, 2° marqués d'un
fer rouge, 3° soumis à la torture à raison d'un crime, 4° li-
vrés pour combattre comme gladiateurs contre les bêtes
féroces, 5° jetés en prison ou dans un amphithéâtre pour
l'amusement du peuple (1). L'affranchi, qui, esclave avait

1. Gaïus, *Reg.* Titre I, 13. — Ulpien I, § 11.

subi l'une de ces flétrissures, ne devenait ni citoyen romain, ni même Latin-Junien ; il était assimilé à un pérégrin déditice. On appelait *peregrini dedititii* les peuples qui, ayant pris les armes contre les Romains, avaient été forcés de se rendre à discrétion (1). Au surplus, il ne suffisait pas, pour que l'affranchi devînt déditice, qu'il eût pendant son esclavage encouru une des peines ci-dessus ; il fallait encore que ces peines lui eussent été infligées par une personne compétente et que le maître qui les avait requises eût pu apprécier la portée de ses actes ; c'est pourquoi l'esclave mis aux fers sur l'ordre d'un *furiosus* ou d'un pupille n'était pas déditice, une fois affranchi : « *Quia neque furiosus neque pupillus exacti consilii capax est* » (2).

Quelle était la condition des affranchis déditices ? Gaius (3) dit qu'ils ont la *pessima libertas* ; ils se trouvaient donc dans une situation inférieure à celle des Latins-Juniens. Par conséquent, ils étaient exclus de tous les droits refusés à ces derniers ; ainsi, ils n'avaient ni les droits politiques, ni le *jus connubii*, ni la *patria potestas*. En outre, ils étaient privés du *jus commercii* et, par voie de conséquence, de la *factio testamenti* active et passive. A ce dernier point de vue, ils étaient placés sur la même ligne que les pérégrins, mais, à d'autres égards, ils étaient dans une situation notablement plus basse.

1. Gaïus, I, 14.
2. Paul. *Sent.* Liv. IV, tit. tit. xiii, § 7.
3. Gaius I, 26.

1° Ils n'avaient ni *patria*, ni *origo*, ils n'appartenaient à aucune cité déterminée et ils étaient régis par les règles du droit des gens. Aux pérégrins, au contraire, on appliquait, outre le droit des gens, les lois propres à leur cité (1).

2° Ils étaient incapables de recueillir une libéralité testamentaire faite par fidéicommis (2), tandis que les pérégrins purent recueillir par ce mode au moins jusqu'au règne d'Adrien (3).

3° Alors que les pérégrins pouvaient librement séjourner à Rome, il était défendu à l'affranchi déditice de résider non seulement dans la ville de Rome, mais encore dans un rayon de cent milles autour de Rome. Contrevenait-il à cette défense, il était vendu lui et ses biens pour le compte de l'Etat, sous la double condition qu'il ne paraitrait jamais à Rome ou dans les cent mille de Rome et qu'il ne serait jamais affranchi ; cette dernière clause était-elle méconnue par l'acquéreur, l'esclave devenait *servus populi romani* (4).

4° Enfin, à la différence du pérégrin qui pouvait acquérir la cité romaine, l'affranchi déditice n'avait jamais cet espoir.

Telle était la situation des affranchis déditices dans la société. Envisageons-les maintenant dans leurs rapports avec leur patron.

1. Ulpien, *Reg.* Titre XX, § 14.
2. Gaius, I, 25.
3. Gaius, II, 285.
4. Gaius, I. 27.

Ils étaient certainement soumis à l'*obsequium* et aux *operæ* aussi strictement et plus strictement même que les affranchis citoyens romains et Latins-Juniens.

Laissaient-ils des biens, à leur décès, hypothèse parfaitement réalisable, car ils jouissaient des modes d'acquérir du droit des gens, ces biens étaient toujours dévolus à leur patron, l'affranchi déditice ne pouvant avoir ni héritier testamentaire, ni héritier sien. Mais à quel titre le patron les recueillait-il? Tantôt à titre de succession, tantôt à titre de pécule. A titre de succession, lorsque l'esclave, en supposant qu'il n'eût pas subi de flétrissure, serait devenu citoyen romain ; à titre de pécule, si, toujours dans la même supposition, l'esclave n'eût été que latin-junien. Cette distinction est faite par Gaius (1) qui reconnaît d'ailleurs le manque de clarté de la loi Ælia Sentia ; on ne peut guère y suppléer, car par suite de la suppression des déditices sous Justinien le Digeste et le Code ne contiennent aucun renseignement sur ce point.

La condition des déditices, quoique ineffaçable, n'était pas héréditaire ; leurs enfants naissaient pérégrins. C'est ce que Gaius admet implicitement dans le § 68 de son commentaire I. Le jurisconsulte suppose qu'une citoyenne romaine a épousé un déditice qu'elle croyait citoyen romain ou latin, et il déclare qu'elle peut recourir à l'*erroris causæ probatio* pour faire acquérir à son enfant le droit de cité. Qu'est-ce à dire ? Sinon que cet enfant qui,

1. Gaius, III, 76.

d'après la loi Mensia, devait suivre *deterioris parentis con-ditionem*, n'est pas déditice, sans quoi il ne pourrait ja-mais arriver à la cité, la condition du déditice étant inef-façable.

CONCLUSION

Si nous jetons un coup d'œil d'ensemble sur les développements qui précèdent, nous constatons qu'il s'est
opéré avec le temps une profonde transformation dans la
condition des affranchis. L'affranchi de la vieille Rome
est un citoyen d'un ordre inférieur, toujours empreint de
a marque originelle de l'esclavage. L'affranchi de l'époque de Justinien est un citoyen dont l'origine est réputée
libre et la condition analogue à celle de l'ingénu.

Comment s'est opérée cette évolution ? Elle nous paraît
tenir à deux causes : En premier lieu, au triomphe définitif du principe de l'égalité entre les hommes, posé d'a-
bord par la philosophie stoïcienne, repris et développé
par le chritianisme ; en second lieu, au rôle prépondé-
rant et à l'influence incontestable que les affranchis
surent prendre dans la société romaine.

On se fait généralement une idée assez inexacte du
rôle que les esclaves jouaient dans la famille romaine.
On se plaît à les représenter comme des choses dépourvues de toute individualité, instruments aveugles
et inconscients des fantaisies et des caprices de leurs
maîtres. Que cette peinture fût vraie à l'origine de Rome,
c'est possible, mais, à une certaine époque, elle cessa de

l'être. L'esclave était peu à peu devenu une personne avec laquelle il était nécessaire de compter ; les guerres serviles en font foi. Après la réduction de la Grèce en province romaine, l'influence de l'esclave est réelle. Comment en aurait-il été autrement? N'était-ce pas entre les mains des esclaves que se trouvait concentré tout le travail ? N'était-ce pas à eux qu'était confiée l'éducation de presque tous les jeunes romains? Cette influence, que les esclaves prirent par la force même des choses prépara celle dont ils devaient donner le spectacle une fois parvenus à la liberté.

Sous l'empire, à partir du règne de Claude, les affranchis envahirent tout, favorisés qu'ils étaient par leur libre accès auprès du prince. On sait le crédit dont jouissait l'affranchi Narcisse; c'est à lui que l'Empereur donnait toutes les missions de confiance; c'est à son instigation que fut tué Sylanus; c'est lui enfin qui fut le véritable auteur du meurtre de Messaline. L'influence de Pallas n'était pas moins grande. Le Sénat, non content de lui voter des remerciements pour le zèle dont il avait fait preuve, le supplia d'accepter 15 millions de sesterces et les ornements prétoriens. Il prit les honneurs mais refusa l'argent, et ce trait de désintéressement parut si merveilleux que le Sénat ordonna d'en conserver le souvenir sur une table de bronze.

Ces exemples d'affranchis tout puissants par la fortune et l'intrigue n'étaient pas rares, aussi soulevaient-ils l'indignation des romains de race. Moralistes, historiens, orateurs, tous sont d'accord pour considérer les affranchis comme un ramassis d'hommes perdus de vices, intrigants de haut vol ou de bas étage, prêts à toutes les vilenies autant qu'à tous les crimes. Tacite n'a pas assez de mépris pour les anciens esclaves qui, à ses yeux, ne constituent qu'une espèce : *impares libertini libertatis argumentum sunt* (1). Sénèque, qui fait cependant parade de sentiments égalitaires, s'élève à grands cris contre le luxe des affranchis qui ne semble pas fait pour eux. Suétone n'est pas moins dur à leur égard. Juvénal raconte avec une âpre satisfaction les outrages dont ils sont abreuvés et les humiliations qu'ils subissent ; pour lui, l'affranchi reste toujours l'homme aux oreilles percées et aux pieds blancs de craie. Horace lui-même, fils d'affranchi, oublie son extraction et ne peut s'empêcher de flétrir le faste et l'insolence des parvenus à la liberté.

Mais toutes ces plaintes ne trouvaient aucun écho dans l'esprit d'un peuple intéressé à ne pas les entendre. N'était-ce pas, en effet, l'époque où la plèbe ne cessait de répéter son fameux cri : *panem et circenses* ? Et comment n'aurait-elle pas été subjuguée par ces affranchis qui lui faisaient des distributions somptueuses et lui donnaient des fêtes splendides dans les cirques qu'ils remplissaient de lions et de gladiateurs !

A côté de ces affranchis qui parvenaient à s'attirer sinon la sympathie, du moins la popularité d'une plèbe dont ils faisaient les délices, combien d'autres qui jouissaient,

1. Tacite. *Germania,* XXV.

à Rome, d'une réelle considération par suite de leur valeur intellectuelle, des professions ou des fonctions qu'ils
exerçaient. Nombreux sont les affranchis dont s'honoraient
la littérature, la poésie, la philosophie et les sciences.
Térence, Phèdre, Epictète, pour ne citer que les plus célèbres, étaient d'anciens esclaves. Parmi les architectes,
les peintres et les statuaires qui brillèrent pendant l'empire, on compte des affranchis en assez grand nombre. La
profession de médecin était exercée à peu près uniquement par des affranchis. Ceux-ci jouaient un rôle important dans l'éducation et l'instruction des jeunes Romains.
Les emplois administratifs de second ordre leur étaient
également confiés. Enfin, l'agriculture, le commerce et
l'industrie méprisé par les ingénus de la décadence étaient
aux mains des affranchis. Nous ne parlons pas de ces mé-
tiers qui avaient pris un développement considérable, tels
que ceux d'acteur, cocher, gladiateur, dans lesquels
les affranchis excellaient et soulevaient les applaudisse-
ments de la foule.

On comprend, d'après ce tableau sommaire, l'importance du rôle joué par les affranchis et la faveur dont ils
furent l'objet, malgré les décisions qui, de temps à autre,
leur rappelaient que la marque originelle de l'esclavage
constituait une souillure indélébile. La distance qui existait entre eux et les ingénus s'effaçait donc dans les mœurs,
et comme les lois ne sont que le reflet des mœurs, la législation dut s'incliner devant l'opinion ; aussi Justinien, en
proclamant l'égalité des ingénus et des affranchis, ne fit-

il que constater un état de choses que les faits avaient déjà depuis longtemps consacré.

Néanmoins, cette égalité n'était pas absolue puisque la *restitutio natalium* était toujours en vigueur. Quand l'infériorité sociale de l'affranchi disparaîtra-t-elle ? Avec l'esclavage seulement. Pendant de nombreux siècles, cette institution contre nature, qu'elle s'appelle esclavage ou servage, restera encore debout, et il ne faudra rien moins qu'une révolution sociale, celle de 1789, pour faire triompher définitivement en France ce principe devenu banal à force de vérité : Tous les hommes sont égaux devant la loi.

DU RÉGIME LÉGAL DES BUREAUX DE BIENFAISANCE

INTRODUCTION

Il n'est pas de peuple chez lequel l'assistance n'ait été organisée. La charité privée a été de tout temps placée au nombre et en tête des devoirs de conscience et la charité publique est actuellement considérée par la plupart des États comme une obligation sociale inviolable et sacrée. Mais à qui incombe cette obligation ? Est-ce à l'État, au département, ou à la commune ? Les assemblées de la Révolution, dans la pensée de mieux répartir les charges, avaient essayé de centraliser l'assistance et de confier à l'État le soulagement des pauvres. Cette tentative échoua faute de ressources suffisantes. Les propositions, plusieurs fois renouvelées, tendant à substituer le département à l'État, n'aboutirent pas davantage. D'après le système depuis longtemps en vigueur en France, chaque commune doit avoir la charge des pauvres qu'elle renferme dans son sein. Ce système nous paraît à l'abri de toute critique. En effet, le ressort administratif de l'État ou même du département est trop vaste pour qu'il soit possible à ces deux personnes morales de pénétrer dans le détail des investigations qu'exige la distribution individuelle des secours. Chaque commune, au contraire, connaît les misères et les besoins de ses membres. Association naturelle, à la fois très ancienne et assez restreinte, la commune est en quelque sorte une famille agrandie, parfaitement en état d'exercer la bienfaisance d'une manière sûre et éclairée. C'est donc à la commune que se trouve, en principe, et sauf de rares exceptions, l'organisation fondamentale de l'assistance publique. Par conséquent, c'est là qu'il faut l'étudier.

L'assistance communale comprend deux ordres de secours très différents : les secours dans les établissements et les secours à domicile. Les premiers sont donnés dans les hôpitaux et hospices ; les seconds sont distribués par les soins des bureaux de bienfaisance. Quels sont les avantages respectifs de ces deux sortes de secours ? Quels en sont les inconvénients ? Doit-on les combiner et dans quelle mesure ? Autant de questions qui ont été fréquemment et savamment discutées. Sans examiner à fond le débat, nous ferons connaître notre manière de voir. Nous ne méconnaissons pas les avantages incontestables des hôpitaux et hospices ; souvent, des malades n'ont ni logement convenable ni famille ; plus souvent encore, les parents, soit par leurs occupations, soit par leur inhabileté,

sont dans l'impossibilité de les soigner ; les maladies
graves, les opérations chirurgicales, exigent des médica-
tions régulières, des soins assidus et intelligents qui ne
peuvent être donnés que dans les hôpitaux. Quant aux
hospices, ils sont nécessaires pour les infirmes et les vieillards qui n'ont pas de famille. Malgré ces avantages évi-
dents, nous pensons que l'assistance à domicile doit être
préférée. Elle présente d'abord cette supériorité de laisser le malade à la famille. Là seulement il trouvera ces
soins affectueux, ces consolations morales qui ont si souvent une influence décisive sur la guérison. L'assistance
à domicile permet, en outre, de mieux apprécier les besoins des pauvres, de mieux proportionner les secours.
Seule, elle fournit les moyens de soulager ces infortunes
que certains n'osent pas dévoiler au grand jour. Enfin,
dernière mais non moins grave considération, les secours
à domicile entraînent une dépense moins élevée que les
secours donnés à l'hôpital. La statistique démontre que
la journée d'un malade dans un établissement coûte
deux fois plus cher qu'à domicile. Les secours donnés par
les bureaux de bienfaisance présentent, il est vrai, quelques inconvénients ; quelle est l'institution qui est parfaite ? Mais, les avantages étant de beaucoup supérieurs
à ces inconvénients, il nous paraît du plus haut intérêt
de multiplier autant que possible les secours à domicile
qui permettent d'assister un plus grand nombre d'indigents et de malades. Telle est du reste la tendance du

législateur, ainsi qu'il résulte de l'article 7 de la loi du 21 mai 1873.

Pénétré de la place importante que doit occuper l'assistance à domicile dans l'organisation des secours publics, nous nous sommes proposé d'étudier l'institution des bureaux de bienfaisance en insistant principalement sur les questions juridiques auxquelles elle donne lieu.

CHAPITRE PREMIER

D'après les lois des 7 frimaire an V et 28 pluviôse an VIII, il devait être établi un bureau de bienfaisance par commune. Cette disposition ne fut jamais appliquée. Elle ne pouvait pas l'être, et ne pourrait pas l'être davantage aujourd'hui. En effet, comme le dit M. Bucquet, inspecteur général des établissements de bienfaisance : « On peut engager par tous les moyens les administrations municipales à établir des bureaux de bienfaisance ; mais aller au-delà, vouloir créer administrativement dans chaque commune un bureau de bienfaisance, ce serait grossir inutilement la liste des bureaux qui ne peuvent fonctionner faute de ressources ou qui n'ont pas à délivrer de secours faute d'indigents ; ce serait décourager les efforts de la charité privée et créer le paupérisme là où il n'existe pas. » Aussi en fait, de nombreuses communes sont-elles dépourvues d'établissements de cette nature. En 1881, sur les 36,000 communes de la France continentale 14,033 possédaient seulement un bureau de bienfaisance.

1. Enquête sur les bureaux de bienfaisance, 1874.

Comment ces bureaux sont-ils créés ? — Il est de principe en droit administratif, qu'un établissement public ou d'utilité publique ne peut avoir une existence légale qu'à la condition d'avoir été reconnu par la puissance publique. — Cette reconnaissance, de qui doit-elle émaner ? En règle générale, du chef de l'Etat. Par application de cette règle, le décret de déconcentration du 25 mars 1852, tableau A, lettre Y, avait formellement refusé aux préfets le droit de créer des bureaux de bienfaisance. Mais cette concentration fut considérée comme excessive et comme constituant un obstacle des plus sérieux au développement de ces établissements qui sont les auxiliaires les plus populaires de la charité. Aussi, sous le second empire, les préfets s'arrogèrent-ils fréquemment le droit de créer des établissements de cette nature. Cette pratique fut formellement consacrée par la loi du 24 juillet 1867, dont l'article 14 est ainsi conçu : « La création des bureaux de bienfaisance est autorisée par le préfet. sur l'avis des conseils municipaux. » D'après ce texte, les pouvoirs des préfets n'étaient limités par aucune condition. Néanmoins, pour prévenir les abus, le ministre de l'Intérieur, dans une circulaire du 3 août 1867, adressa à ses subordonnés la recommandation suivante : « Dans l'intérêt même de ces établissements et pour assurer leur stabilité, vous aurez soin d'exiger, avant de prendre une décision, qu'ils soient pourvus d'une dotation d'au moins 50 francs, soit en revenus d'immeubles, soit en rentes sur l'Etat, sans compter les subventions qui peuvent être accordées par les conseils municipaux et les recettes légalement attribuées aux pauvres, telles que le tiers du produit des concessions de terrains dans les cimetières et le droit établi en faveur des indigents, à l'entrée des spectacles, bals et concerts. »

La loi du 5 avril 1884 a abrogé, dans sa disposition finale (art. 168 n° 15), la loi de 1867 ; mais elle est complètement muette sur le point de savoir quelle est l'autorité compétente pour créer les bureaux de bienfaisance. Nous pensons que le législateur de 1884, par cela seul qu'il n'a pas expressément maintenu l'exception introduite par la loi de 1867, a entendu revenir aux principes du droit commun, d'après lesquels les établissements publics et d'utilité publique doivent être autorisés par décret. La circulaire du 15 mai 1884 n'a pas hésité à consacrer cette solution. Le décret nécessaire pour la création d'un bureau de bienfaisance doit être rendu en assemblée générale du Conseil d'Etat (décret du 2 août 1879, art. 7 § 4).

Voici la procédure à suivre : le maire de la commune qui désire obtenir un bureau de bienfaisance adresse, à cet effet, une demande au préfet. Cette demande doit être accompagnée : 1° d'une délibération du conseil municipal (art. 70 § 4 de la loi de 1884) ; 2° d'un avis du sous-préfet de l'arrondissement ; 3° d'un état des ressources destinées à assurer le fonctionnement du nouvel établissement.

Une commune peut-elle posséder plusieurs bureaux

de bienfaisance? — L'affirmative ne parait pas douteuse en présence de l'article 3 de la loi du 7 frimaire an V : « Dans le mois qui suivra la publication de la présente loi. le bureau central, dans la commune où il y a plusieurs municipalités, et l'administration municipale, dans les autres, formeront un bureau de bienfaisance ou *plusieurs*, s'ils le croient convenable. » Le Conseil d'État s'est prononcé en ce sens, dans un avis à la date du 25 août 1835.

Pour faciliter la distribution des secours publics, il est souvent nécessaire, surtout dans les grandes villes, d'établir des subdivisions du bureau de bienfaisance. On forme alors des maisons de secours ayant chacune un rayon d'action limité à telle fraction de la commune. C'est à ces subdivisions du bureau de bienfaisance que fait allusion la loi de 1884 dans son article 70, § 2, en ces termes : « Le conseil municipal est toujours appelé à donner son avis..... 2° sur les circonscriptions relatives à la distribution des secours publics. »

Enfin, dans les communes dépourvues de bureau de bienfaisance, il est quelquefois indispensable d'en établir un provisoire pour la distribution des secours que la charité publique ou privée envoie aux victimes d'un incendie, d'une inondation, d'une épidémie, etc. Ces secours, pour être efficaces, doivent être distribués à bref délai. Pareil résultat ne pourrait évidemment être obtenu si l'on était obligé de recourir aux formes de procédure sus-indiquées. Aussi, sous l'empire du décret de 1852, le ministre de l'Intérieur, dans une circulaire du 5 mai

1852, adressait-il aux préfets les instructions suivantes :
Vous pouvez, en présence d'un besoin urgent, créer des
bureaux de bienfaisance à titre purement provisoire,
sauf à en rendre compte immédiatement, afin que je
puisse veiller à la suppression de ces établissements ou
à leur régularisation dans le cas où, par des raisons particulières, il semblerait utile de les conserver. » Nous
pensons que les préfets pourraient encore aujourd'hui
autoiser de pareilles créations. Mais il va de soi que
l'existence de ces bureaux provisoires doit disparaître
avec la cause qui l'a provoquée.

CHAPITRE DEUXIÈME

DE L'ORGANISATION DU BUREAU DE BIENFAISANCE

Chaque bureau a à sa tête une commission administrative. Cette commission peut s'adjoindre un certain
nombre d'auxiliaires dont la mission consiste à visiter
les pauvres et à leur porter à domicile les secours et les
remèdes dont ils ont besoin.

Nous nous occuperons dans deux sections : 1° de
la commission administrative ; 2° du personnel auxiliaire.

Section I. — *De la commission administrative.*

Un premier paragraphe sera relatif à l'étude de sa
composition. Un second à l'examen de ses attributions.

§ 1. *De sa composition.* — La composition de la commission administrative des bureaux de bienfaisance a
donné lieu à trois systèmes différents : l'un, consacrant
exclusivement la prédominance de la commune, le second,
attribuant cette prépondérance à l'État, le troisième faisant une part à peu près égale à ces deux influences.

Le premier système fut adopté par la loi du 7 frimaire

an V. D'après cette loi, les cinq membres dont se composait la commission administrative des bureaux de bienfaisance étaient nommés par la municipalité. Par suite des idées de centralisation dont la loi du 28 pluviôse an VIII avait assuré le triomphe, ce système ne devait pas tarder à disparaître. Le décret du 7 germinal an XIII enleva, en effet, la nomination des membres de ces commissions aux conseils municipaux et la transporta au ministre de l'Intérieur. Celui-ci, après avis du préfet, choisissait sur une liste quintuple de candidats présentée par la commission administrative elle-même. En vertu d'actes postérieurs, le droit de nomination fut conféré aux préfets sous certaines conditions ; mais, le préfet étant un agent du pouvoir central, l'influence de l'État se fit seule sentir au sein des commissions administratives. En 1831, une modification importante fut introduite. L'ordonnance du 29 juillet déclara que le maire serait le président du bureau de bienfaisance, et qu'en cas d'absence ou d'empêchement il serait remplacé par son premier adjoint. Cette innovation fut maintenue par le décret du 23 mars 1852. La même année, dans sa circulaire du 5 mai, le ministre de l'Intérieur estimait que, grâce à l'attribution de la présidence au maire, la part due à l'influence communale était suffisamment assurée. Tel n'est pas notre sentiment. Il suffit de rappeler que, à cette époque, les maires étaient choisis par le pouvoir exécutif ; ils étaient donc plutôt des agents du Gouvernement que des représentants de l'association communale. Quoiqu'il en soit, le

décret de 1852 resta en vigueur jusqu'à la loi du 21 mai
1873 qui introduisit dans la commission des bureaux de
bienfaisance un nouvel élément. D'après l'article 1er de cette
loi : « Les commissions administratives des hospices et
hôpitaux et celles des bureaux de bienfaisance sont composées de cinq membres renouvelables, du maire et du
plus ancien curé de la commune. Dans les communes où
siège un conseil presbytéral ou un consistoire israélite,
les commissions contiennent, en outre, un délégué de
chacun de ces conseils..... » Cette introduction de l'élément ecclésiastique dans l'administration des bureaux
de bienfaisance ne fut admise qu'après un long et vif débat. Les partisans de l'innovation faisaient remarquer que
la présence d'un ministre de la religion augmenterait
considérablement le nombre des libéralités charitables
« qui sont presque toutes inspirées par un sentiment religieux ». A cela les adversaires du projet de loi répon-
daient que l'élément ecclésiastique avait toujours été
écarté des bureaux de bienfaisance, même sous la Res-
tauration ; on avait craint, non sans raison, que dans les
distributions de secours, on ne se préoccupât pas exclusivement des besoins des pauvres, et que la répartition
des aumônes devînt un instrument de pression sur les
consciences.

La loi du 21 mai 1873 a été abrogée en grande partie
par la loi du 5 août 1879 actuellement en vigueur. Cette
dernière loi a d'abord exclu les ministres des cultes des
commissions administratives des établissements charita-

bles, par ce motif que « retenus par les soins si multiples de leur ministère, ils ne peuvent remplir les fonctions quotidiennes qui incombent aux administrateurs,
et qu'inamovibles comme représentants du culte, ils le
sont aussi comme commissaires (1) ». Cependant il est à
remarquer que si les ministres des cultes ne sont plus
membres de droit de ces commissions, rien ne s'oppose
à ce qu'ils soient nommés par le préfet ou délégués par le
conseil municipal (Circulaire ministérielle du 26 septembre 1879). Mais, cette désignation, pour être valable, doit
être personnelle et nominative ; d'où, en cas de décès ou
de changement du curé, son successeur ne pourrait remplir les fonctions d'administrateur qu'autant qu'elles lui
seraient conférées par une nouvelle désignation (2).

La loi de 1879 a, en outre, profondément modifié la
loi de 1873, en ce qu'elle a adopté le troisième système
dont nous avons déjà parlé, système qui attribue une
part d'influence à peu près égale au Gouvernement et à
l'autorité municipale.

D'après cette loi, les commissions administratives des
bureaux de bienfaisance se composent :

1° Du maire de la commune, président. En cas d'absence momentanée ou d'empêchement accidentel du
maire, la présidence appartient au vice-président nommé
par la commission, conformément à l'article 3 non abrogé
de la loi de 1873. A défaut du maire ou du vice-président,

1. Rapport au Sénat, *Journal officiel*, 7 juillet 1879.
2. (Circulaire du 14 nov. 1879).

la commission est présidée par le plus ancien de ses membres présents, et, à égalité d'ancienneté, par le plus âgé. La présidence est déférée à un adjoint ou à un conseiller municipal dans les cas seulement où cet adjoint ou conseiller municipal remplissent dans leur plénitude les fonctions de maire, par exemple, à la suite du décès ou de la démission de ce dernier (art. 3 de la loi de 1873) ;

2° De deux membres élus par le conseil municipal. D'après l'article 4, *in fine*, de la loi de 1879 : « l'élection des délégués du conseil municipal a lieu au scrutin secret, à la majorité absolue des voix. Après deux tours de scrutin, la majorité relative suffit et, en cas de partage, le plus âgé des candidats est élu. » Pour être éligible, il suffit de n'être dans aucun des cas d'incapacité prévus par les lois électorales (art. 4 § 5). Mais, le conseil municipal est-il tenu de choisir ses délégués parmi ses membres ? La loi ne l'exige pas ; en conséquence, le conseil est complètement libre à cet égard (Voir, en ce sens, la circulaire ministérielle du 26 sept. 1879) ;

3° De quatre autres membres nommés par le préfet. Relativement à cette nomination, le préfet jouit de la plus grande latitude. En vertu de l'ordonnance du 31 octobre 1821, art. 5, les administrateurs devaient être domiciliés dans la commune, mais peu à peu cette exigence a disparu. Actuellement, cette condition doit être d'autant moins requise que, pour être éligible au conseil municipal, il n'est pas nécessaire d'avoir son domicile dans la commune. Si donc, le conseil municipal peut déléguer un de ses membres non domicilié, il n'y a aucune raison pour se montrer plus rigoureux à l'égard des administrateurs nommés par le préfet.

Des incompatibilités. — Ces incompatibilités atteignent aussi bien les membres élus par le conseil que ceux nommés par le préfet. Quelles en sont les causes ? La loi ne contient pas de théorie d'ensemble sur ce point. Le seul texte législatif que nous possédions est celui du 24 vendémiaire an III, d'après lequel : « Aucun citoyen ne pourra exercer ni concourir à l'exercice d'une autorité chargée de la surveillance médiate ou immédiate des fonctions qu'il exerce dans une autre qualité. » Cette formule un peu vague a été interprétée par de nombreuses circulaires ministérielles. A la date du 26 septembre 1879, le ministre de l'Intérieur s'exprimait ainsi : «D'après la jurisprudence constante de mon ministère, basée sur l'article 1er du titre 2 de la loi du 24 vendémiaire an III, les médecins des hospices et des bureaux de bienfaisance, » se trouvant placés sous l'autorité des commissions qui les nomment et les révoquent en vertu de l'article 14 de la loi organique du 7 août 1851, ne peuvent être membres de ces commissions. (1)

« Une autre incompatibilité qu'on perd trop souvent de vue en choisissant les membres des commissions ad-

---

1. Cette opinion a été consacrée relativement aux médecins des bureaux de bienfaisance de Paris par l'art. 28 § 2 du décret du 12 août 1886.

ministratives est celle qui interdit de confier les fonctions d'administrateur des hospices et des bureaux de
bienfaisance aux fournisseurs de ces établissements. J'ai
eu souvent l'occasion de rappeler cette règle en ce qui
regarde les pharmaciens. Il importe également de veiller
à ce que l'administration charitable reste entièrement in-
dépendante des commerçants chargés de la fourniture du
pain, du vin, de la viande et des autres objets consommés dans les établissements de bienfaisance.

« Enfin, il est une dernière règle à observer dans le
choix des administrateurs. Aux termes de l'article 11 de la
loi du 5 mai 1855 : « dans les communes de 500 âmes et
« au-dessus, les parents au degré de père, de fils, de frère,
« et les alliés au même degré ne peuvent être en même
« temps membres du conseil municipal ». Bien que cette
disposition n'ait pas été étendue par la loi aux commissions charitables, mon administration a toujours jugé
convenable de la leur appliquer et je désire que cette jurisprudence soit maintenue. »

Y a-t-il incompatibilité entre les fonctions d'adjoint et
celles d'administrateur? Non, répond la circulaire du 14
novembre 1879; mais, ajoute le ministre : « le cumul de
ces fonctions a pour inconvénient de réduire le nombre
des représentants de l'intérêt municipal lorsque l'adjoint
est appelé à remplacer dans la présidence de la commission, le maire absent ou empêché (1). Il sera bon d'en faire

1, Ce remplacement n'a lieu, ainsi que nous l'avons dit, que dans le cas
où l'adjoint remplit dans leur plénitude les fonctions de maire. D'où, l'adjoint
nesera appelé que rarement à la présidence de la commission.

l'observation aux conseils municipaux lorsque vous se-
rez consulté à ce sujet. »

Durée et nature du mandat des administrateurs. — La
durée du mandat des administrateurs est différente suivant qu'ils sont élus par le conseil ou nommés par le
préfet.

D'après l'article 4 § 1 de la loi de 1879 : « les délégués
du conseil municipal suivent le sort de cette assemblée
quant à la durée de leur mandat ; mais, en cas de suspension ou de dissolution du conseil municipal, ce mandat est continué jusqu'au jour de la nomination des délégués par le nouveau conseil municipal. »

La disposition de ce paragraphe s'applique à tous les
délégués, aussi bien à ceux qui sont choisis en dehors
du conseil qu'à ceux qui sont pris dans son sein ; en effet,
les délégués de l'ancien conseil ne représentent plus la
nouvelle assemblée.

Les membres nommés par le préfet le sont pour quatre ans ; ils sont renouvelables par quart, chaque année
et rééligibles. D'après l'article 4 § 4, « Si le remplacement a
lieu dans le cours d'une année, les fonctions du nouveau
membre expirent à l'époque où auraient cessé celles du
membre qu'il a remplacé. »

Les administrateurs des bureaux de bienfaisance exercent leur mandat gratuitement : aucune rétribution ne
peut leur être allouée sous quelque forme que ce soit : la
gratuité est l'essence même de leur mission de charité.

Leur mandat est-il public ? En d'autres termes, sont-ils

des fonctionnaires publics? Les intérêts de la question sont multiples. Ils apparaissent notamment au point de vue de l'application de l'article 197 du Code pénal et de la loi de 1881 sur la liberté de la presse. Mais tout d'abord que faut-il entendre par *fonctionnaire public*? Cette expression est susceptible de plusieurs acceptions. Dans un sens étroit, est fonctionnaire public celui qui est revêtu d'une autorité publique, qui a la puissance du commandement dans le cercle des attributions qui lui sont conférées par la loi. Ainsi entendu, le fonctionnaire public est un agent du gouvernement. Cette définition ne comprend pas évidemment les membres des commissions administratives des bureaux de bienfaisance. Aussi, approuvons-nous les décisions qui déclaraient l'article 75 de la Constitution de l'an VIII inapplicables à ces administrateurs. Mais, dans un sens large, est fonctionnaire public tout citoyen chargé d'un service ou d'un mandat public, temporaire ou permanent, par opposition à la personne privée, au simple particulier. Il s'agit donc de rechercher si les administrateurs des bureaux de bienfaisance sont chargés d'un service ou d'un mandat public. L'affirmative ne nous paraît pas douteuse. En effet, d'après l'article 4 de la loi du 7 frimaire an V, la mission des bureaux de bienfaisance consiste à distribuer des secours à domicile. Or, cette distribution de secours intéresse au plus haut degré l'ordre public. D'ailleurs ne serait-il pas étrange que les bureaux de bienfaisance fussent des établissements publics et que les membres de ces établissements n'eussent aucun caractère public?

Nous pensons donc que les administrateurs de ces bureaux sont, sinon des agents du gouvernement, du moins des fonctionnaires publics dans le sens large du mot. Par conséquent, ils tombent sous le coup de l'article 197 du Code pénal, aux termes duquel « tout fonctionnaire public révoqué, destitué, suspendu ou interdit légalement qui, après en avoir eu la communication officielle, aura continué l'exercice de ses fonctions ou qui, étant électif ou temporaire, les aura exercées après avoir été remplacé, sera puni d'un emprisonnement de six mois au moins et de deux ans au plus, et d'une amende de 100 fr. à 500 fr. Il sera interdit de l'exercice de toute fonction politique pour cinq ans au moins et dix ans au plus, à compter du jour où il aura subi sa peine. » (1)

Nous estimons aussi que si une diffamation est commise, à raison de leurs fonctions ou de leurs qualités envers, des administrateurs du bureau de bienfaisance, l'auteur de cette diffamation doit être déféré à la cour d'assises (art. 45 combin. avec l'art. 31 de la loi de 1881). Mais, conformément à l'article 35 de la loi sur la presse, la vérité du fait diffamatoire pourra être établie par les voies ordinaires. La jurisprudence des tribunaux judiciaires se prononce, il est vrai, en sens contraire (2). Nous ne pou-

---

1. La Cour de cassation, dans un arrêt à la date du 30 octobre 1886, (Sir. 86, 1, 493) a déclaré l'article 197 applicable aux membres d'un conseil de fabrique.

2. Cass. ch. crim. 27 février 1885 — Bordeaux, 15 mai 1885, (Sir. 86, 2, 108.) — L'arrêt de la cour de Bordeaux est relatif aux administrateurs d'un hospice.

vous adhérer à cette jurisprudence dont fait justice l'article 31 de la loi sur la presse, qui vise précisément « les citoyens chargés d'un service ou d'un mandat public. » Or, si les administrateurs des bureaux de bienfaisance ne sont pas compris dans cette expression, à qui s'appliquera-t-elle ? On le chercherait vainement.

De la responsabilité des administrateurs. — Les bureaux de bienfaisance peuvent être déclarés responsables à l'égard des tiers, des fautes et du dol commis par les administrateurs, dans l'exercice de leur mandat. L'article 1384 du Code civil contient, à notre avis, une règle générale à l'application de laquelle les établissements publics ne sauraient se soustraire. Mais le bureau de bienfaisance a un recours contre ses représentants. Ce recours est basé d'abord sur l'article 1382 du Code civil aux termes duquel « tout fait quelconque de l'homme qui cause à autrui un dommage oblige celui par la faute duquel il est arrivé à le réparer. » Les principes du mandat le justifient également. Les administrateurs des bureaux de bienfaisance, en acceptant leur mandat, ont par cela même contracté l'obligation de le remplir avec impartialité, exactitude, vigilance, etc. Sans doute, ce mandat est gratuit ; mais, de cette gratuité on ne saurait conclure que le mandataire est affranchi de toute responsabilité. On devra toutefois ne pas perdre de vue que, d'après l'article 1992 § 2, « la responsabilité relative aux fautes est appliquée moins rigoureusement à celui dont le mandat est gratuit qu'à celui qui reçoit un salaire. »

Lorsque le fait dommageable aura été commis par un seul des administrateurs parfaitement désigné, le recours ne pourra s'exercer que contre celui-là. S'il a été commis par plusieurs administrateurs, le recours devra s'exercer contre chacun d'eux en proportion de la part qu'il aura prise à la perpétration du fait. Lorsqu'il sera impossible de déterminer cette part, chacun des administrateurs doit-il être tenu pour le tout, comme s'il avait commis le fait pour le tout? Quelle que soit l'opinion que l'on se forme sur le grave problème de la solidarité imparfaite, l'affirmative paraît évidente. Comme le dit fort justement M. Demolombe: « Comment serait-il possible de diviser l'action contre eux et de faire à chacun sa part dans la dette, puisqu'il n'est pas possible de savoir quelle est dans le dommage qu'ils ont causé ensemble la part individuelle de responsabilité de chacun d'eux. D'où il suit que chacun d'eux est réputé avoir commis, à lui seul, le fait dommageable tout entier et qu'il en doit dès lors aussi, à lui seul, la réparation tout entière. Le motif sur lequel nous fondons cette responsabilité pour le tout de chacun d'eux témoigne qu'elle existerait dans le cas même où il s'agirait d'un fait qui n'aurait pas pu être commis par une seule personne, *quamvis id contrectare nec tollere solus posset*. L'impossibilité de déterminer la part de chacun des auteurs du fait n'en serait pas moins toujours la même ».

1 Demolombe, *Obligations*, tome III, n° 280 *bis*.

Celui qui aura été poursuivi pour le tout aura-t-il un recours contre ses coadministrateurs, auteurs du fait dommageable ? L'affirmative est encore certaine. Elle repose sur ce principe général que « nul ne doit s'enrichir au dépens d'autrui » et sur un quasi-contrat de gestion d'affaires résultant de ce que celui qui a payé a fait l'affaire de ses coadministrateurs en même temps que la sienne propre. Toutefois, chacun des administrateurs ne pourra être actionné par celui qui a payé que pour sa part et portion virile.

Démission. — Les administrateurs des bureaux de bienfaisance peuvent évidemment donner leur démission ; mais s'il font en même temps partie du conseil municipal, cette démission emportera-t-elle leur démission de conseillers municipaux ? A l'appui de l'affirmative on argumente de l'article 1er de la loi du 7 juin 1873, aux termes duquel, « tout membre d'un conseil général de département, d'un conseil d'arrondissement ou d'un conseil municipal qui, sans excuse valable, aura refusé de remplir une des fonctions qui lui sont dévolues par les lois, sera déclaré démissionnaire. » Cette opinion nous paraît inadmissible, car d'après l'article 5 § 3 de la loi du 5 août 1879, « les délégués des conseils municipaux ne pourront, s'ils sont révoqués, être réélus pendant une année. » Les délégués révoqués ne cessent donc pas de faire partie du conseil municipal. *A fortiori*, doit-il en être de même des délégués démissionnaires.

Supposons l'hypothèse inverse qui s'est présentée fréquemment en pratique. Un membre du conseil municipal délégué par cette assemblée à la commission du bureau de bienfaisance donne sa démission de conseiller, peut-il continuer à remplir son mandat d'administrateur ? Oui, a-t-on dit, car il n'est pas indispensable de faire partie du conseil pour être élu membre de la commission ; d'où, le conseiller municipal démissionnaire n'en reste pas moins investi des fonctions d'administrateur. Tel n'est pas notre sentiment. Assurément, le conseil municipal n'est point astreint à se faire représenter par des conseillers ; mais, lorsqu'il a porté son choix sur l'un de ses membres, n'y a-t-il pas lieu de présumer que la qualité de conseiller municipal chez le délégué a été la cause déterminante de ce choix ? Or, cette qualité venant à faire défaut, la cause de la délégation fait également défaut. Cette solution est pleinement conforme à l'esprit de la loi. Le législateur, dans l'article 4, déclare « que les délégués du conseil municipal suivent le sort de cette assemblée quant à la durée de leur mandat ». Il considère donc que les délégués de l'ancien conseil ne sont plus les représentants de la nouvelle assemblée, et cela même dans le cas où le nouveau conseil comprendrait les mêmes éléments, suivrait la même ligne de conduite que l'ancien. Dès lors, ne serait-il pas étrange qu'un conseiller municipal démissionnaire continuât à représenter le corps qui l'a nommé ? Sa démission, motivée le plus souvent par des sentiments d'opposition à l'égard de ce corps, ne constitue-t-elle pas la renonciation la plus formelle au mandat dont il était investi ?

Révocation et dissolution. — Les administrateurs des bureaux de bienfaisance peuvent être révoqués par le ministre de l'Intérieur (art. 4 § 1, loi de 1879). Dans le mois qui suit la révocation, la commission doit être complétée, mais d'après l'article 4 § 3 de la même loi, si le membre révoqué est un des délégués du conseil, il ne pourra pas être réélu avant le délai d'un an. Pareille prohibition n'existe pas en ce qui concerne les membres nommés par le préfet; elle n'était d'ailleurs pas nécessaire, car le préfet, à qui appartient la nomination du remplaçant, ne désignera certainement pas le membre qu'il vient de révoquer.

A côté de la révocation, mesure individuelle, la loi place la dissolution de la commission. Cette dissolution ne peut être prononcée que par le ministre de l'Intérieur. Dans le mois de la dissolution, le conseil municipal élit ses délégués; les quatre autres membres sont nommés non pas par le préfet, mais par le ministre qui s'est formellement réservé ce droit dans l'article 4 § 4 de la loi de 1879. Ajoutons que la prohibition édictée par l'article 4 § 3, en matière de révocation, ne saurait être étendue à la dissolution : les déchéances sont de droit étroit.

Dans le cas où le maire est suspendu de ses fonctions, soit par arrêté préfectoral, soit par arrêté ministériel, nous pensons que cette suspension lui enlève tout droit à la présidence du bureau de bienfaisance.

§ 2. *Des attributions de la commission.* — A la commission appartient l'administration du bureau de bienfaisance. Elle délibère sur tous les points qui se rattachent à cette administration. Sur quels objets porteront ces délibérations ? C'est là une question que nous examinerons ultérieurement, lorsque nous nous occuperons des actes de la vie civile des bureaux de bienfaisance. Pour le moment, nous nous bornerons à rechercher quelle est la force exécutoire de ces délibérations.

Les commissions administratives des bureaux de bienfaisance sont, en principe, dépouillées de tout pouvoir de décision propre. Leurs délibérations sont soumises à la nécessité de l'autorisation administrative. En sont seules dispensées celles relatives aux réparations et aux travaux dont la dépense n'excède pas 2,000 francs (art. 16. Ordonnance de 1821). Cette absence complète d'indépendance s'expliquait aisément à l'époque où fut rendue l'Ordonnance du 31 octobre 1821. On était alors pénétré de l'idée que les administrations locales doivent être dans une subordination et une dépendance absolues vis-à-vis du pouvoir central. La centralisation, disait-on, est « la garantie de l'indépendance nationale. Par elle toutes les forces individuelles sont dirigées vers un seul but et réunies dans un effort commun. Point de résistance locale à l'action du pouvoir suprême. Le pays tout entier s'organise au premier ordre. Les pouvoirs locaux ne sont pas toujours exempts de préjugés et capables de s'élever aux hautes pensées du Gouvernement: ils sont entravés eux-mêmes par des obstacles secondaires. Le pouvoir central seul conçoit, décide et exécute avec résolution. (1) » Par application de ces idées, les comités locaux ne possédaient en aucune façon le droit de décision. Dès lors, il était tout naturel que les commissions administratives des établisssements charitables n'eussent pas plus de pouvoir que n'en n'avaient les conseils généraux et les conseils municipaux.

Ce régime de centralisation poussé à l'excès souleva les plus vives critiques. Suivant la réflexion fort exacte de M. Simonet, « la centralisation est une entrave à l'initiative collective ou privée qu'il importe au contraire d'encourager. Elle charge le pouvoir central d'une multitude de détails qui lui font perdre de vue les intérêts généraux et font peser sur lui une responsabilité excessive. Elle énerve le patriotisme, car c'est en intervenant dans les affaires du département et de la commune que les citoyens peuvent se former à la vie publique et à la connaissance des affaires. Enfin, elle accroît outre mesure la capitale aux dépens des provinces, et produit, comme on l'a dit, l'apoplexie au centre et la paralysie aux extrémités (2) ». Ces nombreux inconvénients firent adopter le système dit de *décentralisation* dont on trouve les premières traces dans la loi du 21 mars 1831, sur l'organisation municipale et dans la loi du 22 juin 1833, sur l'organisation des conseils généraux et des conseils d'arrondissement. Sans doute, l'essai était encore des plus timides,

1. Vivien, *Etudes administratives*, tome 1, chap. I.
2. Simonet, *Traité de droit administratif*, n° 387, p. 188.

mais la voie était désormais ouverte, il ne restait plus qu'à s'y engager résolument. C'est ce que firent la loi du 18 juillet 1837, sur l'administration municipale et la loi du 10 mai 1838, sur l'administration départementale ; c'est ce qu'ont fait plus hardiment encore les lois du 10 août 1871 et du 5 avril 1884.

L'indépendance relative accordée aux conseils municipaux fut étendue aux hospices et hôpitaux par la loi du 7 août 1851. Malheureusement, cette loi ne peut pas, ainsi que nous le démontrerons plus tard, être appliquée aux bureaux de bienfaisance, de telle sorte qu'ils sont encore régis par l'Ordonnance de 1821 dont les dispositions ne sont plus en rapport avec les idées de décentralisation qui ont triomphé de nos jours.

Section II. — Du personnel auxiliaire.

Le personnel des bureaux de bienfaisance se compose : du secrétaire de la commission administrative, du receveur, d'un ou de plusieurs médecins et d'un certain nombre d'auxiliaires hommes ou femmes dont la mission consiste à visiter les pauvres et à leur porter des secours et remèdes à domicile.

A. Du secrétaire. Il est nommé par la commission administrative et reçoit un traitement fixe. Dans les petites communes, cette fonction est ordinairement remplie par

le secrétaire de la mairie qui, le plus souvent, est l'instituteur. Le secrétaire tient le registre des délibérations ;
il prépare la correspondance et l'expédition des ordonnances de dépenses, il a la garde des papiers et des ar-
chives dont il est responsable.

B. Du receveur. La commission administrative est sans
qualité pour payer les dépenses et pour encaisser les sommes dues au bureau de bienfaisance. Les administrateurs
deviendraient comptables occultes et justiciables du conseil de préfecture et de la Cour des comptes s'ils s'immis-
çaient dans le maniement des deniers. Le maniement est
confié à un agent spécial, le receveur du bureau de bienfaisance. En principe, ce receveur est le receveur municipal. Cependant, si le bureau de bienfaisance a un revenu minimum et non aléatoire de 30,000 fr., il peut avoir
un receveur spécial. De même, si dans une commune,
les revenus des hospices et hôpitaux ajoutés à ceux du
bureau de bienfaisance atteignent la somme de 30,000 fr.,
il peut y avoir un receveur spécial pour tous ces établissements charitables. Ce receveur est nommé par le préfet,
sur une liste de trois candidats présentés par la commission. En cas de refus motivé par le préfet, la commission
doit présenter d'autres candidats.

Ne peuvent être nommés receveurs (1) : 1° les membres
du bureau : 2° leurs parents jusqu'au degré de cousin

---

1. Instruction générale des finances du 20 juin 1859, art. 1273.

germain exclusivement ; 3° les membres et greffiers des tribunaux : 4° les juges de paix et leurs greffiers ; 5° les conseillers de préfecture ; 6° les notaires, à moins d'une exception motivée sur les localités ; 7° les personnes déjà investies d'une fonction dont la nature les empêcherait de s'occuper avec tout le soin nécessaire de la comptabilité du bureau.

Le receveur du bureau de bienfaisance reçoit, en cette qualité, un traitement et fournit un cautionnement.

Jusqu'au décret du 27 juin 1876, le traitement des receveurs consistait en remises dont le chiffre était fixé par le conseil municipal, conformément à l'ordonnance du 17 avril 1839. Le décret précité a substitué à ce mode de rémunération un traitement fixe qui est arrêté par le préfet, sur la proposition du trésorier-payeur général, et d'après les bases suivantes : « Ce traitement, dit l'article 2, sera déterminé par l'application du tarif des ordonnances des 17 avril et 23 mai 1839 et du décret du 7 octobre 1850 à la moyenne des opérations, tant ordinaires qu'extraordinaires, de recettes et de dépenses, effectuées pendant les exercices 1867, 1868, 1869, 1872 et 1873, déduction faite des opérations reconnues non passibles de remises pendant les mêmes exercices et sans tenir compte du dixième en plus ou en moins dont les conseils municipaux et les commissions administratives auraient augmenté ou réduit le tarif des ordonnances et décret précités. » L'article 7 ajoute : « chaque fois que la moyenne

des revenus ordinaires des cinq derniers exercices sera
supérieure ou inférieure d'un dixième à celle des exercices qui auront servi à l'établir, le traitement pourra,
sur la demande de la commune, de l'établissement ou du
receveur, être revisé par le préfet, sauf recours au ministre de l'Intérieur. » Enfin, d'après l'article 4, « les
réclamations formées par les receveurs, les communes
et les établissements contre le chiffre du traitement
arrêté par le préfet seront soumises au ministre de l'Intérieur qui statuera définitivement. Elles devront être
présentées dans le délai de deux mois, à partir de la no-
tification du préfet. »

Le cautionnement du receveur est actuellement réglé
par la loi du 27 février 1884. D'après l'article 5 de cette loi,
« les receveurs spéciaux des hospices, des bureaux de bienfaisance, des asiles d'aliénés et des dépôts de mendicité
sont assimilés aux receveurs municipaux spéciaux pour le
calcul du montant de leur cautionnement ; mais en ce qui
concerne la nature et l'emploi de ce cautionnement, l'Ordonnance du 6 juin 1830 continuera à être appliquée. » —
Aux termes de l'article 3 de la même loi : « Les receveurs
municipaux spéciaux sont divisés en trois classes, savoir :
une première classe comprenant les receveurs ayant un
traitement supérieur à 10,000 francs ; une deuxième
classe comprenant les receveurs ayant un traitement supérieur à 5,000 francs ; et la troisième classe comprenant
tous les autres receveurs. Le cautionnement des receveurs

de la première classe sera fixé à sept fois et demie le montant de leur traitement, avec faculté de fournir en rentes sur l'Etat la portion excédant 40,000 francs. — Le cautionnement des receveurs de la deuxième classe sera fixé à six fois et demie le montant de leur traitement avec faculté de fournir en rentes sur l'Etat la portion excédant 20,000 francs. — Le cautionnement des receveurs de la troisième classe sera fixé à quatre fois et demie le montant de leur traitement, avec faculté de fournir en rentes sur l'État la portion excédant 10,000 francs. »

Tous les biens immobiliers du bureau de bienfaisance seront grevés de l'hypothèque légale de l'article 2121 du Code civil.

C. *Des médecins.* — Les bureaux de bienfaisance attachent un ou plusieurs médecins à leur service. Le nombre de ces médecins est fixé par arrêté ministériel. Ils sont nommés par le préfet sur une liste de trois candidats présentés par la commission. Ils ne peuvent être révoqués qu'avec l'approbation du ministre de l'intérieur. Ils reçoivent des honoraires dont le chiffre est fixé par le préfet sur la proposition de la commission.

D. *Des auxiliaires, des sœurs de charité.* — En dehors du secrétaire, du receveur et du médecin, les bureaux de bienfaisance peuvent s'adjoindre des auxiliaires hommes ou femmes et des sœurs de charité. Dans ce dernier cas, ils passent des traités avec la congrégation à laquelle ces

sœurs appartiennent. Il va sans dire que ces traités n'ont
de valeur qu'autant qu'ils sont conclus avec des congré-
gations reconnues. Avant 1839, ces traités offrirent la
plus grande diversité. Une circulaire du 26 septembre
1839 a établi un modèle uniforme qui d'ailleurs ne dispense pas chaque traité de l'approbation préfectorale.
L'esprit de cette circulaire se révèle dans le passage suivant : « Ces dispositions, en assurant aux administrations
charitables l'autorité qui leur appartient sous le rapport
temporel et, en assujettissant les sœurs à l'observation
des lois, ordonnances et instructions qui concernent l'administration hospitalière, ont cependant réservé à ces
femmes respectables la juste part d'attributions et d'é-
gards qu'exigent leur caractère religieux et leur mission
de bienfaisance, et les droits et les devoirs des parties
contractantes se trouvent heureusement conciliés dans
les modèles dont il s'agit, par une déférence réciproque
et par une égale sollicitude pour le bien du service des
pauvres. »

Ces traités, qui sont de véritables louages de service,
déterminent le nombre des sœurs que le bureau pourra
employer, la nature des services qu'elles auront à remplir,
la somme qui sera allouée à la communauté ; ils contiennent également l'engagement pris par le bureau de fournir à ces sœurs un logement convenable, le linge, le
chauffage et l'éclairage.

La commission qui a passé un traité avec une congrégation hospitalière peut certainement le rompre lors-

qu'elle estime que le maintien des sœurs est contraire à
l'intérêt du service charitable. Mais est-elle tenue à des
dommages-intérêts, à raison de l'inexécution de la convention ? A l'appui de la négative, on argumente d'un arrêt de la Cour de cassation, à la date du 12 mars 1884
(Sir. 85. 1. 49). Cet arrêt, rendu dans une affaire qui a
eu un très grand retentissement, décide que lorsqu'une
commune a conclu une convention avec des instituteurs
congréganistes, la rupture de cette convention, même provoquée par un vœu spontané du conseil municipal, ne
rend pas la commune débitrice de dommages-intérêts.
Or, dit-on, cette décision doit être étendue au cas où,
dans la convention, figure un établissement de bienfaisance au lieu d'une commune. Ce raisonnement est inacceptable. Certes, nous adhérons entièrement à la solution
de la Cour de cassation ; mais cette solution est inapplicable à l'hypothèse que nous examinons, car il n'y a pas
parité de situations. Dans l'espèce qui a donné lieu à l'arrêt précité, la révocation de l'instituteur avait été prononcée par le préfet, seul compétent pour prendre une
pareille mesure. Sans doute, cette révocation avait été
demandée par le Conseil municipal, mais cette circonstance importait peu ; il est bien certain, en effet, que la
commune n'était pas l'auteur de l'inexécution de la convention ; cette inexécution provenait d'un cas de force
majeure, du fait du prince ; il y avait donc lieu de faire
bénéficier la commune de l'article 1148 du Code civil. Au
contraire, dans notre hypothèse, c'est la commission

administrative du bureau de bienfaisance qui a expulsé
les sœurs, c'est elle seule qui a rompu le contrat, elle ne
peut pas invoquer un cas fortuit ou de force majeure ;
en conséquence, elle doit des dommages-intérêts par
application de l'article 1142 du Code civil.

CHAPITRE TROISIÈME

Les bureaux de bienfaisance étant des personnes morales distinctes de la commune ont des ressources propres. Les principaux éléments de ces ressources, au nombre de huit, sont les suivants :

1° Les revenus des immeubles dont ils sont propriétaires ;

2° Les arrérages des rentes qui leur appartiennent ;

3° La part qui leur est attribuée dans le produit des concessions des cimetières ;

4° La taxe des pauvres ;

5° Le produit de certaines amendes ;

6° Le produit des aumônes, quêtes, troncs, collectes et loterie ;

7° Les subventions municipales ;

8° Les dons et legs.

L'étude de chacun de ces éléments fera l'objet d'une section spéciale.

SECTION Ire. — *Des revenus des immeubles dont ils sont
propriétaires.*

La propriété immobilière des bureaux de bienfaisance
a trois sources différentes ; elle comprend :

1º Les immeubles donnés ou légués ;

2º Les immeubles achetés au moyen de leurs capitaux
disponibles ;

3º Les immeubles qui leur ont été restitués sous le
Consulat ou sous le premier Empire.

Nous n'avons pour le moment aucune explication à
fournir sur les deux premiers modes d'acquisition, mais
le troisième doit nous arrêter quelques instants.

Le décret du 23 messidor an II décida que les biens
des hôpitaux, hospices et autres établissements ayant
pour mission le soulagement des pauvres, feraient partie
des propriétés nationales et qu'ils seraient administrés
et aliénés comme les autres biens nationaux. Cette disposition souleva les plus vives critiques ; aussi, la Convention dut-elle décréter qu'il serait sursis à la vente des
biens des établissements de bienfaisance et, quelque
temps après, la loi du 2 brumaire an IV leur en rendit
provisoirement la jouissance. La loi du 28 ventôse an IV
alla plus loin ; elle déclara que les immeubles de ces établissements seraient affranchis de l'hypothèque qui gre-
vait tous les biens nationaux pour la garantie des mandats
territoriaux ; enfin, la loi du 16 vendémiaire an V resti-

tua aux établissements de bienfaisance la pleine propriété de tous leurs immeubles. D'après cette dernière loi, combinée avec les lois du 29 pluviôse an V, du 29 ventôse an V, et les arrêtés des 18 prairial an IX, 4 vendémiaire an IX et 12 juillet 1809, le patrimoine des bureaux de bienfaisance devait comprendre :

1° Les biens et rentes qui appartenaient avant la Révolution aux établissements similaires, et qui n'avaient pas été aliénés ;

2° Les biens et rentes qui leur seraient concédés en paiement des biens aliénés ;

3° Les biens usurpés sur l'Etat ou les rentes cédées au domaine public qui étaient données aux établissements publics qui en révélaient l'existence.

SECTION II. — *Arrérages des rentes qui leur appartiennent.*

Les rentes sur l'État constituent une des ressources les plus importantes des bureaux de bienfaisance. De tout temps, le Gouvernement a poussé les établissements charitables à transformer leurs propriétés territoriales en valeurs mobilières. Déjà, au siècle dernier, d'Aguesseau préconisait cette transformation ; il en justifiait la nécessité par la raison que les revenus des établissements charitables sont consommés, en grande partie, quelquefois même complètement absorbés par les réparations et autres charges des immeubles ; il faisait ensuite ressortir les difficultés d'affermer ces biens à leur juste valeur, les mécomptes qui résultent de l'insolvabilité des fermiers ; enfin, il ajoutait, que les meilleurs administrateurs ne sont pas toujours capables d'entrer dans tous les détails que ces sortes d'objets exigent. — Ces motifs ne sont certainement pas dépourvus de valeur ; toutefois, si l'on recherche la pensée intime du célèbre chancelier, on s'aperçoit qu'il était guidé par une considération bien autrement puissante : la haine de la mainmorte, haine d'ailleurs facile à concevoir à une époque où la majorité des esprits éclairés partageant la doctrine des physiocrates, considéraient la terre comme l'unique richesse, et où les établissements publics étaient propriétaires d'une importante fraction du sol français.

A la date du 21 décembre 1808, le Conseil d'État rendait un avis d'après lequel « l'emploi des fonds libres des bureaux de bienfaisance en rentes sur l'État n'avait pas besoin d'être autorisé ». De nombreuses circulaires ministérielles (1) recommandaient ce mode de placement. Jusqu'en 1858, on se borna à offrir des facilités aux bureaux de bienfaisance qui consentaient à transformer tout ou partie de leur patrimoine en valeurs mobilières, mais à partir de cette époque, on ne se contenta plus de recommandations, on essaya d'imposer ce mode de placement. Le 15 mai 1858, M. Espinasse, ministre de l'Intérieur, adressait aux préfets une circulaire dans laquelle il les invitait à user de toute leur influence et,

1. Voir notamment : Circulaires du ministre de l'Intérieur, 23 août 1813, 8 juillet 1836, 20 juin 1854.

au besoin, de toute leur autorité, pour amener les commissions des établissements de bienfaisance à voter l'aliénation des biens fonds dont le revenu net serait notablement inférieur aux neuf dixièmes des arrérages de la rente sur l'Etat qui pourrait être achetée avec le prix de vente. Le ministre, après avoir développé les arguments déjà émis par d'Aguesseau, indiquait à ses subordonnés le moyen de triompher de la résistance des commissions. « Le règlement définitif du budget vous appartient, disait-il, et cette attribution essentielle vous donne une action réelle quoique indirecte sur la gestion des biens. » La circulaire de M. Espinasse ne fit pas fortune ; aussi, son successeur, M. Delangle, dut-il la modifier. Par une circulaire du 14 août 1858, le nouveau ministre proteste énergiquement contre le reproche qu'on a adressé au Gouvernement de violer la propriété des établissements de bienfaisance ; « le Gouvernement, dit-il, n'a jamais songé à porter atteinte à cette propriété, soit directement, soit par des voies obliques. » Mais ces protestations n'étaient qu'apparentes, car M. Delangle se montrait presque aussi favorable que son prédécesseur à la transformation des immeubles en rentes sur l'Etat.

Ces développements nous ont paru nécessaires pour expliquer l'accroissement considérable de la fortune mobilière des établissements de bienfaisance.

Section III. — *De la part attribuée aux bureaux de bienfaisance dans le produit des concessions des cimetières.*

D'après l'article 11 du décret du 23 prairial an XII, « les concessions ne seront néanmoins accordées qu'à ceux qui offriront de faire des fondations ou donations en faveur des pauvres ou des hôpitaux, indépendamment d'une somme qui sera donnée à la commune, et lorsque ces fondations ou donations auront étéautorisées par le Gouvernement dans les formes accoutumées, sur l'avis des conseils municipaux et la proposition des préfets. » Des difficultés s'étaient élevées sur la part qui devait être attribuée aux bureaux de bienfaisance dans le produit de ces concessions. Ces difficultés ont été tranchées par l'ordonnance du 6 décembre 1843, dont l'article 3 dispose ainsi : « Aucune concession ne peut avoir lieu qu'au moyen du versement d'un capital dont deux tiers au profit de la commune et un tiers au profit des pauvres ou des établissements de bienfaisance ». Par qui et dans quelle mesure sera opérée la répartition de ce tiers entre les divers établissements de bienfaisance de la commune? En vertu d'une décision ministérielle du 7 janvier 1855, elle sera faite par le préfet qui s'inspirera tout à la fois du chiffre des ressources de chaque établissement et de l'importance des besoins qu'il est appelé à satisfaire.

Section IV. — *De la taxe des pauvres.*

A. *De son origine.* — « Cet impôt sur le plaisir, au profit de l'indigence », suivant l'heureuse expression de M. Dupin, a une origine assez ancienne. — Au seizième siècle, un acte du Parlement de Paris, du 27 janvier 1542, imposait aux entrepreneurs des représentations des Mystères de la Passion l'obligation de verser une somme « de mille livres aux pauvres, à cause que le peuple sera distraict du service divin, et que cela diminûra les aulmoynes. »—Sous Louis XIV, plusieurs édits établirent un droit du sixième « en sus des sommes qu'on perçoit et qu'on percevra à l'avenir, pour être ledit sixième employé à la subsistance des pauvres. » —En 1701, à l'effet de simplifier les perceptions, le droit fut porté purement et simplement au sixième de la recette brute. — Sous la Régence, il fut abaissé au neuvième, mais perçu à l'entrée de tous les spectacles.—Abolie par la Révolution, la taxe des pauvres fut remise en vigueur par la loi du 7 frimaire an V, qui rétablissait les bureaux de bienfaisance. Aux termes de son article 1er, « il sera perçu un décime par franc, en sus du prix de chaque billet d'entrée, pendant six mois, dans tous les spectacles où se donnent des pièces de théâtre, des bals, des feux d'artifice, des concerts, des courses et exercices de chevaux, pour lesquels le spectateur paie. La même perception aura lieu sur le prix des places louées pour un temps déterminé », et l'article 2 ajoute : « Le produit de la recette sera employé à secourir les indigents qui ne sont pas dans les hospices.» — A l'expiration du délai établi par l'article 1ᵉʳ précité, la taxe fut successivement prorogée de six mois en six mois, puis d'année en année, jusqu'en 1809. L'une de ces lois de prorogation, celle du 8 thermidor an V, consacra deux innovations. Elle distingua entre les théâtres proprement dits et les autres amusements publics, tels que bals, concerts, etc. Pour les premiers spectacles, le chiffre de 10 0/0 fut maintenu ; pour les autres, la taxe fut élevée au quart de la recette brute. Cette même loi fit participer les hospices aux produits de la taxe des pauvres qui jusque-là avaient été exclusivement attribués aux bureaux de bienfaisance. Aux termes de son article 3, « le produit des droits perçus en vertu des articles précédents sera consacré uniquement aux besoins des hospices et aux secours à domicile, dans des proportions qui seront déterminées par le bureau central dans les communes où il y a plusieurs municipalités, et par l'administration municipale, dans les autres, conformément à l'article 7 de la loi du 7 frimaire an V.»

D'après l'arrêté du 7 fructidor an VIII, l'autorité préfectorale fut substituée à l'autorité municipale. Le préfet, sur l'avis du sous-préfet, fut chargé d'opérer cette répartition entre les hospices, hôpitaux et bureaux de bienfaisance, suivant les besoins et l'importance de chacun de ces établissements. Cet arrêté est encore en vigueur.

Le décret du 9 décembre 1809 rendit définitive la perception de la taxe des pauvres : « Les droits qui ont été perçus jusqu'à ce jour en faveur des pauvres ou des hospices, en sus de chaque billet d'entrée et d'abonnement dans les spectacles et sur la recette brute des bals, concerts, danses et fêtes publiques, continueront à être indéfinimemt perçus ainsi qu'ils l'ont été pendant le cours de cette année et des années antérieures, sous la responsabilité des receveurs et des contrôleurs de ces établissement. » Avec le retour du régime parlementaire, le décret de 1809 devenait insuffisant ; la taxe des pauvres est, en effet, une contribution publique qui, à ce titre, doit être votée annuellement par le pouvoir législatif. Aussi la loi des finances de 1817 décida-t-elle que la perception de cette taxe serait annuellement autorisée par la loi de budget. Depuis lors, on n'a jamais dérogé à cette règle fondamentale de notre droit public.

B. *De la légitimité de cette taxe*. — De tous les impôts, le droit des pauvres est peut-être celui dont la légitimité est le moins contestable. N'est-il pas de toute justice que le riche qui va se procurer un amusement dans les théâtres et autres lieux de réjouissances publiques contribue dans une certaine mesure au soulagement de ceux qui souffrent. Cependant, certains économistes ont vivement critiqué cette taxe, en objectant qu'en réalité elle atteint non pas le spectateur, mais le directeur du spectacle. Si l'objection était sérieuse, il faudrait dire que l'impôt sur les boissons frappe les marchands et non le consommateur, que l'impôt sur les transports pèse sur le voiturier et non sur le destinataire. Qui oserait soutenir une pareille thèse ? Voici comment, en 1851, M. Dupuis réfutait cette objection : « Dans l'état actuel des choses, l'impôt ne porte pas sur l'entrepreneur ni sur l'entreprise, mais sur le spectateur. C'est à lui qu'on dit : Partout où vous paierez vingt sous pour entrer au spectacle, vous ajouterez deux sous pour les pauvres ; partout où vous donnerez trois francs, vous donnerez six sous pour les pauvres, et s'il y avait encore deux caisses, comme dans l'origine, vous donneriez le prix de la place intégralement au théâtre, et vous verseriez dans le tronc des pauvres les sous additionnels pour les pauvres. Voilà, en vérité, le caractère de l'impôt ; l'impôt procède du prix de la place : mais il est en sus et ne peut être confondu avec ce prix. Si vous mettez maintenant le tout dans une même caisse, si celui qui donne les billets reçoit à la fois, et leur prix et le dixième en sus, il reçoit bien l'argent du spectateur, mais ce n'est pas pour la caisse théâtrale : il ne reçoit pour cette caisse que ce qui est pour le spectacle ; mais c'est comme préposé des hospices qu'il reçoit le dixième et à la charge de le rendre immédiatement aux hospices. »

La taxe des pauvres est privilégiée sur les recettes et, à ce titre, participe des droits et privilèges du Trésor public en matière de contributions.

C. *Quels sont les amusements publics qui sont soumis à la taxe des pauvres et quel est le quantum de cette taxe ?* — Sont soumis à la taxe de 10 0/0 en sus du prix des billets :

1° Les spectacles où se donnent des pièces de théâtre, opéras ou comédies, dont les représentations sont quotidiennes ou semi-quotidiennes (Lois des 7 frimaire et 8 thermidor an V) ;

2° Les panoramas, théâtres pittoresques et mécaniques (Arrêté du 10 thermidor an XI) ;

3° Les établissements où se donnent des pantomimes et des scènes équestres, tels que les cirques, hippodromes, etc. (Décision ministérielle du 9 mai 1809) ;

4° Les salles de curiosités et d'expériences physiques, telles que exhibition de personnages en cire, séances de prestidigitation, etc. (Décision ministérielle du 9 mai 1809);

5° Les théâtres de marionnettes (Avis du Conseil d'État du 16 février 1832) ;

6° Les concerts quotidiens. Quant aux concerts non quotidiens, ils sont soumis à une taxe de 5 0/0 de la recette brute (Loi du 3 août 1875) ;

7° Enfin, tous les établissements où le public trouve un amusement moyennant rétribution, et qui ne sont pas classés parmi ceux devant payer la taxe du quart de la recette brute. Tels sont notamment les casinos, les établissements d'acrobates, les ménageries, etc.

Sont soumis à la taxe du quart de la recette :

1° Les feux d'artifice ;

2° Les bals publics. Il n'y a pas à se préoccuper du but que les organisateurs de la fête ont en vue ; ainsi, le droit des pauvres doit être prélevé sur la recette d'un bal de charité. Mais il faut que le bal soit public. Dans quel cas le sera-t-il ? C'est là une question qui varie suivant les circonstances. La jurisprudence décide que si les organisateurs de la fête font distribuer des billets par des commissaires dans le cercle des relations de ces derniers, la fête a un caractère privé. Que si ces commissaires annoncent la fête par la voie des journaux, et avertissent le public qu'ils tiennent des cartes à sa disposition, la fête perd son caractère privé, et la réclamation du bureau de bienfaisance doit être admise ;

3° Les représentations théâtrales non quotidiennes ;

4° Les courses et exercices de chevaux non quotidiens. On s'est demandé si l'on doit comprendre sous cette rubrique les courses organisées par les sociétés hippiques, et si le bureau de bienfaisance peut prélever la taxe des pauvres sur le prix d'entrée dans les tribunes ou dans le champ de courses. A l'appui de l'affirmative on fait remarquer que si les courses ont été instituées en vue d'encourager et d'améliorer l'élevage de la race chevaline, la majeure partie des personnes qui assistent à ces exercices se préoccupent peu du but de l'institution et n'y voient qu'un amusement. Tout en reconnaissant l'exactitude de cette considération, nous ne pouvons adhérer à l'opinion qui l'invoque. Lorsqu'une institution existe, on doit, en effet, l'envisager au point de vue auquel s'est placé le législateur et non avec les caractères que lui prête le public. Nous approuvons donc entièrement la solution consacrée par le Conseil d'État, dans son arrêt du 13 juin 1873.

« Considérant, y est-il dit, que le Gouvernement intervient dans le règlement de ces courses et dans la désignation des commissaires, qu'ainsi les courses de la société rouennaise sont organisées par cette société dans le but de poursuivre, de concert avec le Gouvernement auquel elle prête son concours, l'œuvre d'intérêt général et national de l'amélioration de la race chevaline ; que d'ailleurs toutes les recettes de la société sont intégralement affectées, aux termes mêmes des statuts, à l'œuvre d'intérêt public et que, dans ces circonstances, les sommes payées par les personnes admises dans l'enceinte des courses et qui contribuent ainsi à l'œuvre poursuivie ne peuvent être considérées comme le prix d'une fête ou d'un spectacle offert au public par ladite société ; que de ce qui précède il résulte que les courses ne rentrent pas dans la catégorie des spectacles ou fêtes pour lesquels les lois des 7 frimaire et 8 thermidor an V et les lois de finances autorisent la perception du droit des pauvres, etc. » ;

5° Toutes les fêtes et tous les amusements offerts *accidentellement* au public moyennant un prix d'entrée perçu sous une forme quelconque.

Quid ? des Expositions. La question de savoir si l'assistance publique a le droit de percevoir la taxe des pauvres sur le prix d'entrée dans les expositions s'est présentée en 1855, à l'occasion de l'Exposition universelle. Elle a été résolue négativement par l'arrêt du conseil d'État du 7 mai 1857. Mais il est évident que si des spectacles sont ouverts au public dans l'enceinte de l'Exposition, la taxe des pauvres doit être prélevée sur le prix d'entrée spécial à ces spectacles. Toutefois, si ce spectacle consiste uniquement dans la vue d'une chose naturelle, le prix d'entrée n'est pas passible du droit des pauvres. C'est ce qui a été jugé par le Conseil d'État à propos de l'ascenseur du Trocadéro (25 janvier 1884).

Que penser des messes en musique célébrées dans une église ? Sont-elles soumises au droit des pauvres? Le 25 novembre 1806, le Conseil d'État a été appelé à statuer sur la difficulté. Une messe en musique avait été célébrée à l'église Saint-Roch, à Paris, à l'occasion de la Sainte-Cécile. Les fermiers de la taxe des pauvres soutinrent qu'ils avaient le droit d'exercer cette taxe.

Le Conseil de préfecture accueillit leur prétention. Mais cette décision fut infirmée par le Conseil d'État. « Considérant, porte l'arrêt, que sous aucun prétexte, les cérémonies de la religion ne sauraient être assimilées aux spectacles, bals et fêtes publiques désignés dans les lois des 7 frimaire et 8 thermidor an V ; qu'il s'agit de la célébration en musique d'une messe pendant laquelle l'Eglise Saint-Roch n'a pas cessé d'être ouverte gratuitement au public quoique le prix de certaines places ait été très augmenté... » De ce dernier considérant, il paraît résulter que si le public n'était admis dans l'Eglise que moyennant rétribution, la taxe des pauvres serait due. Telle est, aussi, notre opinion.

Comme nous l'avons déjà dit, quel que soit le lieu où est donnée la fête publique, le droit des pauvres doit être

perçu. C'est du reste ce qui se produit en pratique lorsqu'un concert de musique religieuse ou une audition d'or-
gue est donnée dans une Eglise ou un temple. Il est vrai
que, presque toujours, ces fêtes sont accompagnées d'une
cérémonie religieuse, sermon, bénédiction, mais il appartient à l'autorité de discerner dans chaque espèce le véritable caractère de la solennité.

D. *Comment se calcule la recette sur laquelle s'opère la perception du droit des pauvres ?* — En règle générale, le droit
est perçu sur le prix net payé par les personnes admises
au spectacle. Ainsi, lorsque le directeur d'une salle de
théâtre a loué des loges ou des stalles, soit au mois, soit
à l'année, et que, indépendamment de ce prix de location, il perçoit à la porte un droit d'entrée sur ces mêmes
loges ou stalles, la taxe des pauvres doit être prélevée
tout à la fois sur le prix de location, et sur le prix payé à
l'entrée. De même, le droit doit frapper l'augmentation
du prix ordinaire des places, notamment l'excédent payé
par celui qui, pour s'assurer une place, la prend en location avant l'ouverture des portes. Cependant la règle que
nous venons de poser comporte une exception dans le cas
de représentations à bénéfice. Cette exception a été consacrée par le décret du 9 décembre 1809. Elle est inspirée par cette considération que ces représentations ont
un caractère de bienfaisance au profit d'un artiste malheureux.

Le droit des pauvres est perçu sur tous les billets
payants, quel que soit le mode usité dans l'établissement

pour le paiement du prix d'entrée. Dans de nombreux cafés-concerts, les spectateurs paient un prix d'entrée qui leur donne droit à une consommation. Que la taxe des pauvres soit due, cela n'est pas douteux. Mais comment la calculer? Les entrepreneurs de ces genres de spectacle ont prétendu que, pour obtenir le véritable prix de la place, il faut défalquer la valeur de la consommation. Cette interprétation a été rejetée par le Conseil de préfecture de la Seine, le 7 mars 1882. « Considérant, porte cette décision, que dans l'établissement des sieurs Fournier et Caquineau un seul prix, fixé d'après la place occupée, est payé pour assister au concert et pour avoir droit à une consommation ; que ce prix est payé intégralement même par les personnes qui refusent la consommation et se bornent à entendre le concert ; que, dans ces conditions, le prix de ladite consommation inséparable de celui de la place et assimilé par les réquérants eux-mêmes aux autres frais généraux de leur entreprise ne saurait être déduit du montant de la recette servant de base à la perception du droit des pauvres... » Nous approuvons cette solution. Il est à peine besoin d'ajouter que si le spectateur renouvelle la consommation, le prix de cette nouvelle consommation ne constitue pas une recette soumise à la perception du droit des pauvres.

La taxe dont nous nous occupons n'atteint pas les billets gratuits ; mais il arrive souvent que la gratuité n'est qu'apparente. D'après la jurisprudence, chaque fois que la délivrance d'un billet procure au directeur un profit, soit direct, soit indirect, le billet n'est pas gratuit. Ainsi il a été jugé que les billets d'auteur sont soumis à la taxe des pauvres ; car, en délivrant ces billets, les directeurs de théâtre se libèrent d'une portion de ce qu'ils doivent comme droit d'auteur (Conseil de préfecture de la Seine, 25 février 1864). — Il a été fait une autre application du même principe dans l'espèce suivante : le propriétaire d'une salle de spectacle la loue à un directeur en se réservant le droit de disposer d'un certain nombre de places. Le Conseil d'État a jugé, le 8 juin 1854, que le droit des pauvres doit être perçu sur ces places réservées qui n'ont de la gratuité que l'apparence ; en réalité, elles représentent une partie du prix du loyer.

E. *Des modes employés pour la perception du droit des pauvres.*

On peut recourir à l'un des procédés suivants :

1° La régie simple. Un préposé de l'administration perçoit directement la taxe ;

2° La mise en ferme. Un traité est passé avec un adjudicataire qui s'engage à payer à l'administration une somme déterminée et qui reçoit en échange le droit de percevoir pour son compte et à ses frais et risques le produit de la taxe ;

3° La régie intéressée. C'est la combinaison des deux systèmes précédents; l'adjudicataire s'engage à verser à l'administration une somme fixe, plus une part proportionnelle sur les produits, lorsque ceux-ci dépassent le prix principal et la somme qui lui est allouée pour ses frais.

Pour éviter toutes difficultés avec les entrepreneurs et les directeurs d'établissements soumis à la taxe des pauvres, les bureaux de bienfaisance passent souvent des abonnements ou forfaits calculés sur la moyenne des produits perçus par les procédés ordinaires. Les traités de cette nature doivent être expressément approuvés par le préfet; il importe, en effet, que l'intérêt des pauvres soit sauvegardé. Il est ordinairement stipulé dans ce traité que le paiement de l'abonnement sera effectué par petites fractions, et, par conséquent, à intervalles assez rapprochés; les paiements éloignés présentent de graves dangers, car le privilège des bureaux de bienfaisance ne porte ni sur les biens personnels du directeur ni sur le matériel de l'exploitation, mais uniquement sur les recettes de l'établissement. Si le cours des représentations était interrompu par un événement de force majeure ou un cas fortuit, le contrat passé avec le directeur ne serait pas résilié, mais le montant de l'abonnement devrait être réduit proportionnellement. C'est ce qui a été admis par le Conseil d'Etat, le 26 juillet 1854, à la requête d'un directeur de théâtre qui, par suite des événements politiques de février 1848 avait été obligé de suspendre les représentations.

F. *Du contentieux de la taxe des pauvres.* Les contestations relatives à la perception de cette taxe sont portées devant le conseil de préfecture, sauf recours au Conseil d'Etat. La compétence des Conseils de préfecture en cette matière a été instituée par l'arrêté du 10 thermidor an XI. En vertu des articles 2 et 3 du décret du 8 fructidor an XIII, les poursuites sont exercés par voie de contraintes rendues exécutoires par le préfet.

Ajoutons que, conformément aux principes généraux, les tribunaux judiciaires restent compétents pour connaître de la régularité des poursuites, ainsi que des demandes en dommages-intérêts et de toutes les questions d'ordre civil (Tribunal des Conflits, 2 avril 1881).

Section V. *Produit de certaines amendes.*

D'après l'article 14 de la loi du 13 avril 1850, relative à l'assainissement des logements insalubres, « les amendes prononcées en vertu de la présente loi seront attribuées en entier aux bureaux ou établissements de bienfaisance de la localité où sont situées les habitations à raison desquelles ces amendes auront été encourues. »

Aux termes de l'article 4 de la loi du 3 mai 1844, sur la police de la chasse, « dans chaque département, il est interdit de mettre en vente, de vendre, d'acheter, de transporter et de colporter du gibier pendant le temps où la chasse n'y est pas permise. En cas d'infraction à cette disposition, le gibier sera saisi et immédiatement livré à l'établissement de bienfaisance le plus voisin, en vertu soit d'une ordonnance du juge de paix, si la saisie a eu lieu au chef-lieu de canton, soit d'une autorisation

du maire, si le juge de paix est absent ou si la saisie a
été faite dans une commune autre que celle du chef
lieu... »

Section VI. — *Produits des aumônes, quêtes, troncs, collectes et loteries.*

A. *Aumônes.* Le bureau de bienfaisance reçoit les aumônes pour les pauvres ; mais il ne suffit pas d'attendre
les libéralités, il faut les provoquer.

B. *Quêtes.* Les administrateurs des bureaux de bienfaisance ont le droit de faire des quêtes pour les indigents, dans les édifices publics, civils et religieux. Ce
droit leur est formellement conféré par l'arrêté du 5
prairial an XI et les décrets des 12 septembre 1806 et
30 décembre 1809. Lorsque les quêtes ont lieu dans les
édifices civils, elles sont opérées avec l'assentiment de
l'autorité placée à la tête du service public auquel l'édi-
fice est affecté.

Quant aux quêtes faites par les administrateurs des
bureaux de bienfaisance, dans les édifices religieux consacrés à l'exercice du culte, elles sont dispensées de l'assentiment de l'autorité ecclésiastique. Sur ce point, pas
de doute. Elles peuvent avoir lieu à tous les offices indistinctement, ainsi qu'il résulte des termes généraux de
l'article 75 du décret du 30 décembre 1809. Le seul droit
de l'autorité ecclésiastique consiste, d'après une circu-

laire ministérielle du 27 mai 1866, « à déterminer l'ordre dans lequel s'exercent à chaque office les différentes quêtes et à statuer qu'elles ne pourront avoir lieu à tel ou tel moment des cérémonies religieuses. »

Les quêtes doivent-elles nécessairement être faites par des membres du bureau de bienfaisance ou bien peuvent-elles l'être par toute personne déléguée à cet effet par le bureau ? La question a donné lieu à de graves difficultés. A l'appui de l'opinion d'après laquelle les bureaux peuvent faire procéder aux quêtes par toute personne qu'ils jugent convenable, on a invoqué l'arrêté du 5 prairial an XI dont l'article 1er est ainsi conçu : « Les administrateurs des hospices et des bureaux de bienfaisance organisés dans chaque arrondissement sont autorisés à *faire quêter* dans tous les temples consacrés à l'exercice des cérémonies religieuses, et à *confier la quête* soit aux filles de charité vouées au services des pauvres ou des malades, soit à telles autres dames charitables qu'ils jugeront convenable. » Tant que cet arrêté a été en vigueur, cette opinion était inébranlable, mais il a été formellement abrogé par le décret du 12 septembre 1806, aux termes duquel « les administrateurs des bureaux de bienfaisance sont autorisés à faire *par eux-mêmes* des quêtes et à placer un tronc dans chaque église paroissiale de l'Empire. » En présence de ce texte, il nous paraît certain que les administrateurs seuls peuvent quêter dans les Églises. C'est du reste en ce sens que s'est constamment prononcée la pratique administrative.

Il est une question des plus délicates dont l'étude trouve naturellement ici sa place : celle de savoir si le curé peut quêter pour les pauvres, et, au cas d'affirmative, s'il a le droit de distribuer lui-même le produit de ses quêtes. Il n'est pas douteux que les curés puissent, dans leurs églises, faire des quêtes pour les pauvres. Le droit de quêter appartient incontestablement à toute personne ; on ne l'a jamais refusé à un simple particulier : dès lors, on ne voit pas pourquoi il serait défendu à un curé de l'exercer. Que deviendra le produit de la quête ? Le bureau de bienfaisance pourra-t-il le réclamer ? Nous ne le pensons pas ; car, ainsi que nous l'établirons plus tard, le bureau de bienfaisance ne peut revendiquer que les sommes qui lui sont directement attribuées. Quant au maire, il n'a pas non plus qualité pour réclamer le produit de ces quêtes, mais, comme représentant légal des pauvres, il aura le droit et le devoir de veiller à ce que l'ecclésiastique institué intermédiaire entre le bienfaiteur et les pauvres ne détourne pas le produit de la quête du but charitable qui lui a été assigné.

C. *Troncs.* — Les troncs sont en quelque sorte des bourses de quête permanentes. Donc, toutes les règles relatives aux quêtes leur sont également applicables.

D. *Collectes.* — La quête est l'acte de solliciter la charité dans un lieu où le public est réuni ; par la collecte, on la sollicite à domicile ou sur la voie publique. La collecte qui, dans certains cas, constitue la mendicité sur la voie publique ou à domicile peut être réprimée par les dispositions du Code pénal. Quant aux collectes qui ne sont pas atteintes par la loi pénale (les seules dont nous ayons à nous occuper), sont-elles soumises à des restrictions ? Une distinction est nécessaire. Celles qui ont lieu sur la voie publique ne peuvent être opérées qu'avec l'approbation de l'autorité municipale. Elles sont de nature à gêner la circulation, à produire des attroupements et des désordres ; le maire, qui a la police de la rue, peut donc les empêcher. Au contraire, les collectes à domicile échappent à tout contrôle de l'autorité municipale.

Le produit des collectes est soumis aux mêmes règles que le produit des quêtes.

E. *Loteries.* — En vertu de l'article 1ᵉʳ de la loi du 21 mai 1836, « les loteries de toute espèce sont prohibées ». Toutefois l'article 5 ajoute : « sont exceptées des articles 1 et 2 ci-dessus les loteries d'objets mobiliers exclusivement destinées à des actes de bienfaisance ou à l'encouragement des arts, lorsqu'elles auront été autorisées dans les formes qui seront déterminées par des règlements d'administration publique ». L'Ordonnance du 29 mai 1844 fixe les conditions de leur autorisation. Cette autorisation est délivrée, à Paris, par le préfet de police ; dans les départements, par le préfet, si le capital de la loterie excède 2,000 fr. ; au-dessous de ce chiffre, par le sous-préfet (Décret du 19 avril 1861). D'après une circulaire ministérielle du 4 novembre 1858, lorsque le capital est supérieur à 5,000 fr., le ministre de l'Intérieur doit être averti. Si le capital atteint 50,000 fr., l'acte d'autorisation nomme une commission de surveillance comprenant cinq membres au moins.

L'autorisation n'est accordée que pour un seul tirage. Ce tirage est fait sous le contrôle de l'autorité municipale qui doit également veiller à ce que le produit de la loterie ne soit pas détourné de sa destination. Afin de rendre efficace ce droit de surveillance, il est enjoint aux organisateurs de la loterie d'indiquer le nombre des billets placés, les sommes touchées, le montant des frais d'organisation et le produit net à verser au bureau de bienfaisance.

SECTION VII. — *Des subventions municipales.*

Lorsque les ressources des bureaux de bienfaisance sont insuffisantes, les conseils municipaux leur allouent des subventions. Celles-ci ne font pas partie des dépenses obligatoires des communes ; elles sont l'exécution d'un simple devoir moral. Il est pourvu à ces allocations, soit sur les revenus ordinaires, soit au moyen d'un prélèvement sur les produits de l'octroi.

Quant aux conseils généraux, ils ne viennent généralement pas en aide aux bureaux de bienfaisance. Une circulaire ministérielle de 1824 leur défendait même d'allouer des secours à ces établissements ; mais la prohibition n'a pas été maintenue dans la loi du 10 août

1871. En fait, ce n'est que dans des circonstances exceptionnelles, telles que sinistres, disette, etc., qu'ils votent des allocations.

SECTION VIII. — *Des dons et legs.*

Un des éléments les plus importants des ressources des bureaux de bienfaisance, consiste dans les dons et legs qui leur sont faits. En examinant les actes de la vie civile, nous étudierons les règles qui régissent ces libéralités. Pour le moment, nous nous bornerons à examiner la question de savoir si les bureaux recueillent uniquement les libéralités qui leur sont directement adressées, ou bien s'ils recueillent aussi les dons et legs faits aux pauvres en général ? Grave question, qui a donné lieu aux plus vives controverses.

Les pauvres forment dans notre droit un être collectif, capable de recevoir à titre gratuit. Cette capacité résulte formellement des articles 910 et 937 du Code civil. Mais quelle est l'autorité chargée d'accepter les libéralités au nom des indigents, et de les employer conformément aux intentions généreuses des disposants ? Pour envisager le problème sous toutes ses faces, il importe de distinguer quatre hypothèses : 1° La libéralité est adressée directement aux pauvres de telle commune ; 2° elle est faite à un établissement reconnu, pour le soulagement des pauvres ; 3° elle est faite dans le même but à un établissement non reconnu ; 4° elle est faite à un particulier, mais toujours dans le même but. L'étude de quelques-unes de ces hypothèses ne se rattache qu'indirectement à notre sujet ; néanmoins, dussions-nous mériter le reproche d'avoir franchi les limites que nous nous sommes tracées, nous pensons devoir traiter la question dans son ensemble.

Première hypothèse. — Le testateur a dit : Je lègue une somme de.... aux pauvres de telle commune, sans autre désignation. — Qui acceptera la libéralité au nom de ces pauvres ? — Le Conseil d'État admettait, jusqu'en 1873, la distinction suivante : Dans les communes où il n'existait pas de bureau de bienfaisance, le maire était le représentant des pauvres ; dans les communes dotées d'un bureau de bienfaisance, c'est à ce bureau qu'était dévolue la mission d'accepter les libéralités adressées aux pauvres.

Par un avis du 6 mars 1873, le Conseil d'État, abandonnant son ancienne jurisprudence, a décidé que le maire est, dans toutes les communes, pourvues ou non d'un bureau de bienfaisance, l'unique représentant légal des pauvres. Lui seul est capable d'accepter et d'administrer les libéralités faites sans autre détermination, soit à tous les pauvres de la commune, soit à certaines catégories de pauvres, par exemple aux indigents de tel quartier, à ceux qui remplissent telle ou telle condition. « Considérant, porte l'avis précité, que la loi du 7 frimaire an V, qui a créé les bureaux de bienfaisance pour recouvrer le droit

des pauvres qu'elle établissait temporairement à l'entrée
des théâtres, a seulement ajouté à cette mission le soin
de diriger les travaux de charité ordonnés par l'autorité
municipale, de recevoir les dons qui leur seraient offerts
et de répartir les secours à domicile ; que l'article 937 du
Code civil et l'Ordonnance royale du 2 avril 1817 n'appellent également les bureaux de bienfaisance à accepter que
les dons qui leur sont adressés ; »…. La nouvelle solution
admise par le Conseil d'État est à l'abri de toute critique.
Elle est formellement consacrée par l'article 937 du Code
civil, aux termes duquel « les donations faites au profit
d'hospices, des pauvres d'une commune, ou d'établissements d'utilité publique seront acceptées par les administrateurs de ces communes ou établissements, après y avoir
été dûment autorisés. » L'article 3 de l'Ordonnance du 2
avril 1817 est encore plus précis : « l'acceptation desdits
legs ou dons ainsi autorisée sera faite savoir : par les
maires des communes lorsque les dons ou legs seront faits
au profit de la généralité des habitants ou pour le soulagement et l'instruction des pauvres de la commune…. »
Comment donc le Conseil d'État a-t-il pu admettre jusqu'en
1873 la distinction sus-indiquée si formellement condam-
née par ces deux textes ? Cette solution apparaît comme
une conséquence de la jurisprudence que nous apprécie-
rons plus loin, sur la capacité des fabriques et des consistoires. Dans le but d'opérer une concentration du service charitable entre les mains du bureau de bienfaisance,
on refusait aux fabriques et consistoires le droit de s'oc-

cuper d'œuvres de charité, de pourvoir au soulagement des pauvres, et, par une exagération inspirée sans doute par le désir de mieux affirmer les droits des bureaux de bienfaisance, on avait été amené à refuser au maire le droit de représenter les indigents dans toutes les communes où fonctionnent ces établissements.

Que décider dans le cas où le testateur faisant un legs à certains pauvres a laissé à son exécuteur testamentaire le soin d'en désigner les bénéficiaires ? La Cour de cassation s'est prononcée pour la nullité d'un pareil legs, à la date du 12 août 1863 (Sir. 63, 1, 446). Elle a, au contraire, admis la validité de la disposition dans l'arrêt du 14 juin 1875 (Sir. 75, 1, 467). Ces deux décisions, en apparences contradictoires, sont facilement conciliables. Dans l'arrêt de 1863, la Cour s'est fondée sur ce que la désignation faite par le testateur n'était pas suffisamment précisée pour manifester la volonté personnelle du testateur lui-même ; d'où il suivait que la désignation des bénéficiaires du legs était entièrement livrée au choix de la personne chargée d'élire. Dans le second arrêt, la Cour a, au contraire, reconnu que la désignation à faire dans une certaine catégorie de pauvres soigneusement désignée par le testateur était suffisamment précisée pour que les exécuteurs testamentaires n'eussent pas à substituer leur pouvoir arbitraire à la volonté du disposant.

Que penser de la clause par laquelle le testateur interdit au représentant légal des pauvres de s'ingérer dans l'administration des biens légués à telle catégorie d'indi-

gents ? La Cour de cassation a constamment jugé, très-
justement à notre avis, qu'une pareille clause est contraire aux lois et doit être considérée comme non écrite
(Voir notamment arrêt précité du 14 juin 1875).

Il peut arriver qu'un testament renferme une disposition au profit des pauvres, sans spécifier la commune
dont les pauvres doivent devenir les bénéficiaires. Au
maire de quelle commune appartient-il d'accepter le
legs ? Merlin (1) décide que, conformément au droit romain, la libéralité est réputée faite aux indigents de la
commune où le testateur était domicilié. D'après un avis
du Conseil d'État, du 12 avril 1834, il faudrait prendre
en considération non pas le domicile du défunt, mais le
lieu où le testateur a fait son testament. Enfin, d'après
une troisième opinion, on devrait s'attacher uniquement
au lieu où le testateur est décédé. La règle posée par
Merlin est évidemment la plus rationnelle, avec cette réserve toutefois que les tribunaux sont souverains pour
interpréter la volonté du disposant. Ils pourront donc autoriser les diverses communes qui se disputent le legs à
l'accepter conjointement.

Enfin, que décider lorsqu'une libéralité est adressée
aux pauvres d'une circonscription comprenant plusieurs
communes ? Dans ce cas, il paraît difficile de faire intervenir les maires de ces communes dont l'avis peut être
différent. Aussi pensons-nous qu'on doit adopter la rè-

---

1. *Institution d'héritier*, section 6.

gle contenue dans un avis du Conseil d'État, rendu à la date du 15 janvier 1837. D'après cet avis, l'acceptation est dévolue au préfet. Si le bénéfice du legs s'étendait aux pauvres de plusieurs départements, l'acceptation devrait appartenir au ministre de l'Intérieur.

Deuxième hypothèse. — La libéralité est adressée à un établissement reconnu pour le soulagement des pauvres. — Avant de résoudre le point de savoir par qui cette libéralité sera acceptée, il importe de rechercher quelle est la capacité civile des établissements reconnus. Certains auteurs soutiennent que ces établissements ont la même capacité que les personnes physiques (1). Nous estimons, au contraire, que la capacité des personnes morales est limitée par l'objet en vue duquel elles ont été créées. Nous empruntons à M. Laurent la justification de notre opinion : « Les hommes seuls, dit-il, sont des personnes : si la loi reconnait certaines facultés aux personnes appelées civiles, c'est parce qu'elle les assimile par fiction aux personnes réelles. L'assimilation est fondée sur ce que les corps et les établissements publics ont aussi une certaine mission à accomplir, et pour qu'ils puissent le faire, ils ont besoin de certaines facultés que la loi leur accorde. Mais l'assimilation n'est toujours qu'une fiction, et toute fiction légale est par son essence limitée à l'objet pour lequel elle est établie (2). » Ainsi, au lieu d'être

1. Lyon-Caen, *Condition légale des sociétés étrangères en France.* nᶜˢ 7 et suiv. — Journal *La Loi*, 27 avril 1881.
2. Laurent. *Principes de droit civil*, tome I, nᵒ 300.

investis d'une capacité sans bornes, les établissements reconnus doivent se mouvoir dans le cercle étroit d'une capacité relative, les limitant à l'exécution du service que
la loi leur confie. S'écarter de ces idées serait autoriser
un établissement non reconnu à fonctionner à l'insu du
gouvernement, sous le couvert d'un établissement autorisé. Telle est du reste la solution admise par les avis du
Conseil d'Etat du 6 mars 1873 et du 13 juillet 1881.

En conséquence, pour savoir si un établissement reconnu est capable ou non d'accepter la libéralité adressée
aux pauvres par son intermédiaire, il faut rechercher si
cet établissement a ou non pour mission l'assistance des
indigents. La question s'est posée principalement à l'occasion des fabriques catholiques, des conseils presbytéraux et des consistoires protestants. Elle est des plus délicates et a été diversement résolue par la jurisprudence.
Jusqu'en 1873, le Conseil d'Etat a admis que les fabriques n'ont pas dans leurs attributions légales le droit
d'assister les pauvres. Cette doctrine est nettement formulée dans un avis du 15 janvier 1837, ainsi conçu :
« Toute libéralité faite aux pauvres doit, aux termes de
l'ordonnance du 2 avril 1817, être acceptée par le bureau
de bienfaisance ou, à défaut, par le maire, qui sont leurs
seuls représentants légaux. Il ne peut appartenir aux donateurs de modifier à leur gré cette règle d'administration et de conférer soit aux consistoires, soit aux curés,
soit aux fabriques *dont les attributions se bornent à ce qui
intéresse le culte,* le droit de représenter les pauvres et

d'exercer l'action qui leur appartient. » L'avis du 4 mars 1841, sur lequel nous aurons l'occasion de revenir, adopte implicitement la même solution. Le 6 mars 1874, le Conseil d'Etat abandonne franchement cette opinion. Enfin, par un avis du 13 juillet 1881, il revient à sa première jurisprudence. Voyons donc quels sont les arguments invoqués tour à tour par le Conseil d'Etat.

A l'appui du système d'après lequel les fabriques ont une mission charitable, on argumente ainsi :

1° L'article 76 de la loi du 18 germinal an X et l'article 1 du décret du 30 décembre 1809 attribuent expressément aux fabriques l'administration des aumônes ; l'article 20 de la loi du 18 germinal an X et l'Ordonnance du 25 mai 1844 contiennent une disposition semblable relativement aux conseils presbytéraux et aux consistoires. Or, dit-on, le mot *aumône* doit s'entendre dans son sens ordinaire ; il signifie non seulement ce qu'on donne pour le culte, mais aussi ce qu'on donne aux pauvres par charité.

2° Le doute est d'autant moins possible que, dans un rapport adressé à l'Empereur, le 16 décembre 1806, Portalis s'exprimait ainsi : « On voudrait donner à entendre que le mot *aumône* ne s'applique qu'à ce qui est donné pour les frais du culte. Mais ici, jamais le mot *aumône* n'a été appliqué à de pareils dons. Il faudrait renoncer à toutes les notions de droit canonique pour confondre des objets qui ne se ressemblent pas et qui ont toujours été exprimés par des mots différents. On lit dans l'article 76 « qu'il sera établi des fabriques pour veiller à l'entretien

et à la conservation des temples, à l'administration des
aumônes. Il est évident que le législateur a très bien dis-
tingué le soin de l'entretien et de la conservation des
temples d'avec l'administration des aumônes. Ce sont là
deux choses que l'on ne peut identifier quand la loi les
sépare. »

Ce raisonnement ne nous a pas convaincu.

L'article 76 de la loi du 18 germinal an X ainsi que l'article 1er du décret de 1809 n'ont eu pour but que de pourvoir à l'administration des paroisses et au service du
culte. Il nous paraît donc de toute évidence que les aumônes dont il est question dans ce textes comprennent
uniquement les offrandes ou dons volontaires faits par
les fidèles pour les besoins de ce culte.

Quant à l'opinion de Portalis, elle ne saurait avoir aucune valeur en présence du décret de 1809 qui prend le
soin de fixer le sens précis du mot aumône. Par cette expression, dit le décret, il faut entendre « généralement
tous les fonds qui sont affectés à l'exercice du culte ».

Au surplus, même en admettant que le mot aumône ne
s'appliquât pas seulement aux dons offerts pour les besoins du culte, et qu'il eût le sens général qu'on lui attribue d'ordinaire, il ne saurait cependant avoir une signification plus étendue. Qu'est-ce que l'aumône ? C'est ce qui
se donne de la main à la main, c'est ce que l'on recueille
dans les quêtes, c'est ce que l'on trouve dans les troncs
placés pour les pauvres. Mais il est impossible de comprendre dans les aumônes les donations régulières, sou-

vent considérables, motivées par la charité. On conçoit
donc que les fabriques puissent avoir l'administration des
dons minimes faits à l'Église dans l'intérêt des pauvres
sans qu'elles aient le droit de représenter ces pauvres et
d'administrer les biens qui leur sont donnés pour leur
soulagement.

Nous pensons donc que les fabriques ne rentrent pas
dans la catégorie des établissements ayant pour mission
d'assister les indigents ; et ce que nous disons des fabriques est également vrai des conseils presbytéraux, des
consistoires protestants ou israélites, des menses curiales,
des menses épiscopales, des séminaires diocésains, des
chapitres, en un mot de tous les établissements publics
religieux.

Ce point établi, reprenons les termes de notre distinction :

1° La libéralité est adressée à un établissement reconnu, dans la mission duquel rentre le soulagement des
pauvres, pas de difficulté : cet établissement est capable
d'accepter la libéralité ; il deviendra propriétaire des
biens qui la composent ; les titres seront immatriculés en
son nom ; il en conservera la garde.

Faut-il admettre que cet établissement sera soumis à
la surveillance du représentant légal des pauvres, du
maire ? Le droit de surveillance a été formellement consacré par l'avis du Conseil d'Etat, du 6 mars 1873 : « Considérant que s'il s'agit d'une fondation destinée à demeurer perpétuelle et dont les revenus seuls devront

être distribués, il convient, tout en autorisant la fabrique légataire à accepter le legs qui s'adresse à elle, à faire immatriculer le titre en son nom et en conserver la garde, d'autoriser le maire à accepter le *bénéfice qui résulte du legs en faveur des pauvres de la commune*, et d'ordonner qu'un duplicata du titre lui sera délivré ; que cette mesure, sans lui donner le droit d'exercer un contrôle sur l'emploi que la fabrique et le curé feront des revenus mis à leur disposition, lui permettra de s'assurer dans l'avenir que le capital de la fondation est conservé et que le revenu est toujours inscrit avec sa destination au budget annuel de la fabrique. » A notre avis, cette intervention du maire est regrettable. L'administration a le droit de refuser l'autorisation quand l'établissement légataire ne lui inspire pas pleine confiance. Mais lorsqu'elle l'a accordée, il est inexplicable qu'on lui permette de retirer d'une main ce qu'elle a donné de l'autre. Vainement soutiendrait-on que cette intervention de la commune représentée par le maire est inoffensive puisque le maire aura simplement à s'assurer que le capital est conservé et que le revenu est inscrit avec sa destination au budget de l'établissement. Si la mesure est purement platonique, à quoi bon la prescrire ; elle est inutile.

2° Lorsque la libéralité est adressée à un établissement dans les attributions duquel ne rentre pas le soulagement des pauvres, par qui sera-t-elle acceptée? Ce ne peut être évidemment par l'établissement institué puisqu'il n'est apte à recevoir que dans l'intérêt des ser-

vices qui lui ont été spécialement confiés. Or, nous supposons que la libéralité est étrangère à ces services.
Devra-t-on déclarer le legs caduc? La jurisprudence a
pensé que cette solution serait trop préjudiciable aux intérêts des pauvres; aussi ne l'a-t-elle jamais admise. Elle
a d'abord décidé que la libéralité serait acceptée par l'é-
tablissement chargé d'assurer le service public en vue
duquel la disposition était faite, à l'exclusion des établissements désignés. Par application de ce principe, un
avis du 12 août 1837 a décidé que la fabrique de Cour-
thezon (Vaucluse) à laquelle un legs avait été fait en vue
de l'établissement d'une école devait être considérée
comme n'ayant pas été nommée, et que le legs serait
accepté par la commune chargée du service de l'enseignement. Une pareille doctrine impliquait la violation la
plus manifeste de la volonté du testateur. Aussi le Conseil
d'Etat n'a-t-il pas tardé à adopter un autre système,
celui de l'acceptation conjointe. Ce système qui apparaît
pour la première fois dans l'avis du 4 mars 1841, a été
consacré par les avis du 14 janvier 1863, 10 juin 1863 et
22 novembre 1866. Voici comment le Conseil d'Etat essaie
de le justifier : « Considérant, porte l'avis du 14 janvier
1863, que lorsque les dons et legs sont faits à une
fabrique, à un consistoire, à une cure ou autre établissement religieux, sous la condition expresse que ces dons
et legs seront affectés au soulagement des pauvres, ces
derniers sont les vrais bénéficiaires de ces libéralités;
que les établissements institués sont les intermédiaires

appelés par la confiance du testateur ou du donateur à
exécuter sa volonté ; qu'aux termes de nos lois, le droit
de représenter les pauvres appartient aux bureaux de
bienfaisance ou aux maires et, à Paris, à l'administration de l'Assistance publique ; Considérant que pour concilier ce principe avec le respect dû à la volonté du testateur il y a lieu de faire simultanément accepter la libéralité par le représentant des pauvres et par l'établissement institué. » Mais, cette conciliation dont parle le
Conseil d'Etat, sur quelles bases sera-t-elle établie ? L'avis
précité répond : « Considérant, en ce qui touche la garde
et la possession du titre, qu'il est juste de confier ce soin
à l'établissement qui représente légalement les pauvres,
que, par suite des considérations ci-dessus développées,
le titre de propriété et l'immatriculation de la rente
doivent également mentionner le nom de l'établissement
institué et celui du bureau de bienfaisance ; que la possession du titre doit être réservée au représentant légal
des pauvres, à la charge par ce dernier d'en remettre les
arrérages à l'établissement institué pour en faire l'emploi prescrit par le testateur ; »

Ce système de l'acceptation conjointe était évidemment
illogique, car de deux choses l'une : ou l'établissement
désigné est capable ou il est incapable. Au premier cas, il
est inutile d'exiger l'acceptation de la libéralité par le
maire ou le bureau de bienfaisance. Au second cas, comment concevoir que l'acceptation du maire ou du bureau
puisse conférer à l'établissement légataire la capacité

dont il est dépourvu ? En présence des critiques que ce
système ne pouvait pas manquer de soulever et des résis-
tances que mirent les Cours d'appel à l'accepter, le Conseil d'Etat dut revenir à sa jurisprudence primitive ; par
ses avis des 6 mars et 30 juillet 1873, il a de nouveau
admis que les établissements dans la mission desquels ne
rentre pas le soulagement des pauvres sont incapables
d'accepter les libéralités adressées aux pauvres par leur
intermédiaire. Par qui donc sera faite l'acceptation ? —
Par le maire. Toutefois, afin que la volonté du testateur
reçoive satisfaction, dans la mesure du possible, il faut
laisser à l'établissement désigné le soin d'opérer la distribution des secours.

Troisième hypothèse. — Libéralités faites pour le soulagement des pauvres à un établissement non reconnu.

Il n'est pas douteux que l'établissement est incapable
d'accepter la libéralité puisqu'il n'est pas reconnu. Mais le
legs sera-t-il caduc? Nous ne le pensons pas. Si, en effet,
il ressort, comme nous le supposons, des termes de la disposition, que l'intention réelle du testateur a été de gratifier les pauvres et non l'établissement dénommé, ce legs
doit être assimilé aux legs adressés directement aux pauvres, et, à ce titre, sa validité est incontestable. L'acceptation sera faite par le représentant légal des pauvres,
le maire. Telle est la solution consacrée par l'avis du
7 décembre 1858 : « Considérant que, aux termes de l'Ordonnance réglementaire du 2 avril 1817, c'est aux maires
qu'il appartient d'accepter des dons et legs faits pour le

soulagement et l'instruction des pauvres, que dès lors l'autorité municipale est fondée à réclamer l'autorisation d'accepter les legs faits à des établissements non légalement reconnus lorsque ces legs portent évidemment le caractère de dispositions faites au profit soit de la généralité des pauvres, soit d'une catégorie spéciale des indigents d'une commune... »

Comment reconnaître que le disposant a eu en vue les pauvres et non l'établissement désigné ? — C'est là une question de fait laissée à l'appréciation des tribunaux. Les éléments auxquels ils devront principalement s'attacher sont : le caractère de l'établissement, la nature du legs, enfin et surtout les termes du testament. Du caractère de l'établissement se dégagera le plus souvent l'intention charitable du disposant. Si l'établissement a un caractère nettement déterminé de bienfaisance publique, il y a de fortes présomptions pour supposer que le disposant a eu uniquement en vue le soulagement des pauvres. Au contraire, l'établissement se consacre-t-il exclusivement à des œuvres religieuses, le legs ne peut être considéré comme s'adressant aux pauvres. Une circonstance que les tribunaux font généralement entrer en ligne de compte est le concours officiel de la commune au fonctionnement de l'établissement non reconnu par des subventions annuelles ou temporaires. La nature de l'objet légué facilitera quelquefois la solution de la question. S'agit-il d'un immeuble ou d'une rente ? Il est permis de présumer que l'intention du testateur a été d'assurer aux pauvres un avantage perpétuel. S'agit-il, au contraire, d'un meuble ne présentant aucune utilité pour le soulagement des pauvres, par exemple d'un tableau destiné à être placé dans la salle où le conseil de l'établissement tient ses séances, une pareille présomption est irrecevable.

Enfin, ce qui est surtout à envisager, ce sont les termes mêmes du testament. Le testateur a-t-il déclaré que le legs serait caduc dans le cas où l'établissement désigné ne le recueillerait pas ? Il est évident que la difficulté ne peut pas être tranché en faveur des pauvres. Vainement soutiendrait-on que d'après l'article 900, la condition est réputée non écrite et que le legs soumis à cette condition se transforme en un legs pur et simple adressé aux pauvres. Dans l'espèce, l'article 900 est inapplicable, puisqu'il s'agit uniquement d'interpréter la volonté du testateur. Or, cette volonté résulte très nettement de l'adjonction de la condition, quoique cette condition soit illicite.

L'établissement non reconnu peut-il, dans le cas ou le maire a accepté la libéralité, exiger que la distribution des secours soit faite par son intermédiaire ? Nous admettons, sans hésiter, l'affirmative. Cette solution présente, à notre avis, l'avantage de concilier le respect de la loi avec l'intention du testateur. Toutefois, nous reconnaissons au maire le droit de s'assurer que les fonds recevront réellement la destination que le disposant leur a assignée.

Quatrième hypothèse. L'intermédiaire choisi est un simple particulier chargé par le testateur de distribuer aux pauvres la somme qui lui a été léguée dans ce but. — La libéralité destinée aux pauvres est acceptée par le maire ; mais, comme dans l'hypothèse précédente, la distribution sera laissée aux soins de l'institué, sauf au maire à veiller à ce que la destination et l'emploi prescrits par le testateur ne soient pas modifiés.

CHAPITRE QUATRIÈME

Les bureaux de bienfaisance étant des personnes morales sont capables d'accomplir les actes de la vie civile qui rentrent dans la sphère de leurs attributions. Nous avons donc à examiner ces divers actes et à rechercher, à propos de chacun d'eux, quelle est la force exécutoire des délibérations de la commission administrative et quelles sont les formalités auxquelles ils sont soumis.

Avant d'entreprendre cette étude, nous présenterons une observation fort importante. On affirme généralement que la loi du 7 août 1851 doit être appliquée aux bureaux de bienfaisance. Tel n'est pas notre sentiment. La loi du 7 août 1851 intitulée : « Loi sur les hospices et hôpitaux » se réfère uniquement à ces deux catégories d'établissements et on ne saurait, quelles que soient les raisons d'analogie, l'étendre aux bureaux de bienfaisance. En dehors de cette considération, qui, à elle seule, serait déterminante, l'article 8 de de ladite loi fournit un argument irréfutable à l'appui de notre opinion. D'après cette disposition, « la Commission des hospices et hôpitaux règle par ses délibérations les objets suivants... les conditions des baux et fermes de ces biens lorsque leur durée n'excède pas dix-huit ans pour les biens ruraux et neuf ans pour les autres... » Si la loi de 1851 régissait les bureaux de bienfaisance, les délibérations de la commission administrative de ces bureaux relatives aux baux de moins de dix-huit ans auraient le caractère de délibération réglementaire, et, à ce titre, seraient exécutoires par elles-mêmes, indépendamment de toute approbation. Or, le décret du 13 avril 1861, dans son article 6, numéro 15, déclare que : « Les sous préfets statueront désormais sur la condition des baux et fermes des biens des bureaux de bienfaisance lorsque la durée n'excède pas dix-huit ans. » C'est donc que les délibérations des commissions des bureaux de bienfaisance relatives aux baux de moins de dix-huit ans ne sont pas réglementaires ; d'où, le § 3 de l'article 8 de la loi de 1851 est étranger aux bureaux de bienfaisance. Et ce qui est vrai de ce paragraphe l'est également de l'article dont il fait partie et de la loi tout entière. Il n'y a, en effet, aucune raison de distinguer entre les diverses dispositions de cette loi. Nous concluons que les bureaux de bienfaisance restent régis par l'ordonnance du 3 octobre 1821. Cette observation faite, examinons les divers actes de la vie civile des bureaux de bienfaisance. Nous nous occuperons successivement des actes d'administration, des aliénations et échanges, des acquisitions à titre onéreux, des dons et legs, des emprunts, des actions judiciaires et des transactions. L'étude de chacun de ces actes fera l'objet d'une section spéciale.

SECTION Ire. *Des actes d'administration.*

—La Commission délibère sur le mode de gestion des biens ; elle peut soit les exploiter elle-même, soit les donner à bail ou à ferme. Toutefois, ce dernier mode est particulièrement recommandé par les circulaires ministérielles comme étant le plus simple, le moins aléatoire et le plus avantageux pour les personnes morales. On pourrait croire que la délibération relative au mode de gestion des biens est réglementaire. Il n'en est rien, elle rentre évidemment dans la formule générale du tableau A n° 55 du décret du 25 mars 1852 ; elle est donc soumise à la nécessité de l'approbation préfectorale.

— Les délibérations relatives aux baux doivent également ment être approuvées. De qui émanera l'approbation ? Une distinction est nécessaire : la durée du bail excède-t-elle dix-huit ans, l'approbation sera donnée par le préfet. Au dessous de ce chiffre, par le sous-préfet. (Décret du 13 avril 1861, art. 6, n° 15.)

Relativement aux formes dans lesquelles sont passés les baux, on observe les règles suivantes, tracées par le décret du 12 août 1807. D'abord, le bail doit être fait aux enchères. Pour cela, le cahier des charges est dressé par la Commission et des affiches avertissant le public du jour et du lieu de l'adjudication sont apposées et insérées au journal de l'arrondissement. Il est généralement admis que les administrateurs ne peuvent pas se porter adjudicataires, par analogie de ce qui a lieu dans les ventes publiques de biens de mineurs, pour lesquelles les tuteurs ne sont pas admis à enchérir. D'après le décret de 1807, le bail devrait toujours être passé devant notaire. Mais, en pratique, on élude fréquemment cette prescription qui d'ailleurs n'est pas requise à peine de nullité.

La règle d'après laquelle la Commission peut administrer elle-même les biens des bureaux de bienfaisance reçoit exception en matière de bois et forêts. Conformément à l'article 90 du Code forestier : « Sont soumis au régime forestier d'après l'article 1er de la présente loi, les bois, taillis ou futaies appartenant aux communes et aux établissements publics, qui auront été reconnus susceptibles d'aménagement ou d'une exploitation régulière, par l'autorité administrative, sur la proposition de l'administration forestière, et d'après l'avis des conseils municipaux ou des administrateurs des établissements publics. » Ainsi, ces bois sont régis et exploités par l'administration des forêts, d'après les dispositions des articles 90 à 112 du Code forestier. Faisons remarquer que, aux termes de l'article 90, *in fine*, « lorsqu'il s'agit de la conversion en bois et de l'aménagement de terrains en pâturages, la proposition de l'administration forestière sera communiquée an maire ou aux administrateurs des établissements publics. Le conseil municipal ou ces administrateurs seront appelés à en délibérer ; en cas de contestation, il sera statué par le Conseil de préfecture, sauf le pourvoi au Conseil d'Etat. »

Les coupes sont vendues par adjudication, et le produit est versé entre les mains du receveur du bureau de bienfaisance.

D'après l'article 16 de l'Ordonnance du 31 octobre 1821, « les commissions des hospices et des bureaux de bienfaisance pourront ordonner, sans autorisation préalable, les réparations et autres travaux dont la dépense n'excèdera pas 200 fr. » C'est peut-être le seul cas où la Commission puisse prendre une délibération réglementaire.

Les placements de fonds sont autorisés par le sous-préfet (Décret de 1861, art. 6, n° 16). Nous rappellerons que l'administration ne voit d'un œil favorable que les placements en rentes sur l'Etat.

Mentionnons enfin l'art. 120 de la loi du 5 avril 1884, ainsi conçu : « Les délibérations par lesquelles les commissions administratives chargées de la gestion des établissements communaux changeraient en totalité ou en partie l'affectation des locaux ou objets immobiliers ou mobiliers appartenant à ces établissements, dans l'intérêt d'un service public ou privé quelconque, ou mettraient à la disposition, soit d'un autre établissement public ou privé, soit d'un particulier, lesdits locaux et objets, ne sont exécutoires qu'après avis du conseil municipal et en vertu d'un décret rendu sur la proposition du ministre de l'Intérieur. »

Section II. — *Aliénations et échanges.*

Pour l'aliénation des biens immobiliers des bureaux de bienfaisance, il faut : 1° une délibération de la Commission administrative ; 2° l'avis du conseil municipal (art. 70, n° 5, loi de 1884) ; 3° l'autorisation du préfet. L'aliénation se fait ordinairement aux enchères, bien que cette condition ne soit exigée par aucun texte. Par exception, le préfet peut autoriser la vente de gré à gré lorsque l'immeuble vendu est de peu d'importance.

Pour les ventes de meubles, l'autorisation du sous-préfet est suffisante (Décret de 1861, art. 6, n° 17).

Les échanges sont soumis aux mêmes règles.

Que penser des aliénations à titre gratuit ? La Commission administrative d'un bureau de bienfaisance peut-elle faire une donation autre qu'une distribution de secours, peut-elle donner main levée d'une inscription hypothécaire sans paiement préalable de la créance pour sûreté de laquelle cette inscription a été prise ? — Il n'existe, à notre connaissance, aucun texte qui résolve la question. Le décret du 11 thermidor an XII autorisait, il est vrai, les receveurs des établissements de charité à consentir des radiations, changements ou limitations d'inscriptions hypothécaires, en vertu d'une décision spéciale du Conseil de préfecture, prise sur une proposition formelle de l'administration et l'avis du comité consultatif établi près de chaque arrondissement communal. Mais ce décret

n'est certainement plus en vigueur. Dans le silence de la
loi, nous estimons que les aliénations à titre gratuit sont
interdites aux Commissions administratives des bureaux
de bienfaisance, par la raison bien simple que ces aliénations ne rentrent pas dans la sphère de leurs attributions. Or, nous démontrerons plus tard qu'un établissement, quel qu'il soit, ne peut pas s'écarter de la mission
qui lui est spécialement dévolue. Au surplus, les inter-
dictions qui frappent le tuteur relativement à ces actes
fournissent un puissant argument d'analogie en faveur de
cette solution.

La Commission administrative des bureaux de bienfaisance ne peut pas non plus faire de compromis ; c'est
ce qui résulte de la combinaison des articles 1004 et
83, 6° du Code de procédure civile.

Section III. — *Acquisitions à titre onéreux.*

Les acquisitions d'immeubles sont régies par les mêmes
principes que les aliénations immobilières. Il faut donc,
en dehors de la délibération de la Commission, l'avis du
conseil municipal et l'autorisation préfectorale.

Les bureaux de bienfaisance jouissent-ils de la faculté
conférée aux communes par le décret du 14 juillet 1866,
d'après lequel les maires peuvent se dispenser de remplir
les formalités de purges des hypothèques pour les acquisitions d'immeubles faites de gré à gré et dont le prix

n'excède pas 500 fr. ? Nous ne le pensons pas. Le Conseil d'État s'est prononcé en ce sens dans un avis du 31 mars 1869 (Sir. 69. 2. 219).

Lorsque le propriétaire de l'immeuble que le bureau de bienfaisance désire acquérir se refuse à le vendre à l'amiable, le bureau peut-il vaincre sa résistance au moyen de l'expropriation pour cause d'utilité publique ? Non, évidemment, car le droit d'exproprier n'appartient pas à toutes les personnes morales du droit administratif, mais seulement à celles qui sont en même temps des unités administratives, des manifestations légales de la puissance publique, investies du pouvoir de représenter l'intérêt général. Le bureau de bienfaisance ne pourra donc pas exproprier en son nom ; cependant, à raison des graves intérêts qui se rattachent au développement de l'assistance publique, la jurisprudence du Conseil d'Etat autorise les bureaux à recourir à l'intermédiaire de la commune. Il est à peine besoin d'ajouter que les diverses formalités de la loi du 3 mai 1841 devront être remplies.

S'agit-il d'acquisitions de meubles, ces acquisitions seront autorisées par le sous-préfet (Décret de 1861, art. 6, n° 17). Conformément à l'Ordonnance du 14 novembre 1837, ces acquisitions devront être faites par adjudication, sauf dans les cas exceptionnels où cette ordonnance permet le marché de gré à gré.

SECTION IV. — *Des dons et legs.*

Pour que les bureaux de bienfaisance puissent recueillir les libéralités qui leur sont adressées, trois conditions sont requises. Il faut :

1° Qu'ils existent ;

2° Qu'ils soient autorisés à accepter la libéralité ;

3° Que l'acceptation soit faite par la Commission administrative.

L'examen de chacune de ces trois conditions fera l'objet d'un paragraphe spécial.

§ 1er. *De l'existence des bureaux de bienfaisance.*

D'après les principes du Code civil, une personne n'est capable de recevoir, soit par donation, soit par testament, qu'autant qu'elle existe au jour de la donation ou au décès du disposant. L'article 906 du Code civil paraît, il est vrai, déroger à cette règle. D'après ce texte : « Pour être capable de recevoir entre vifs, il suffit d'être conçu au moment de la donation. Pour être capable de recevoir par testament, il suffit d'être conçu à l'époque du décès du testateur. » Mais il n'y a pas là, à proprement parler, dérogation. Si l'enfant simplement conçu est capable de recevoir, c'est parce qu'il est réputé exister dès le jour de la conception. L'article 725 du Code civil ne laisse aucun doute à cet égard.

Par application de ce principe, un bureau de bienfaisance ne peut recueillir une libéralité que s'il existe légalement au moment de la donation ou du décès du testateur. Or, tant qu'il n'a pas été reconnu, il n'a aucune existence légale, c'est le néant au point de vue juridique. Donc, la reconnaissance doit être antérieure à la donation ou au décès du testateur. On a toutefois soutenu que la reconnaissance postérieure à ces deux époques a un effet rétroactif et rend l'établissement capable d'acquérir *ab initio* (1). A l'appui de cette opinion, on a ainsi raisonné : sans doute un bureau de bienfaisance n'existe légalement qu'à partir de sa reconnaissance ; mais, comme pour la personne physique, il n'est pas nécessaire qu'il existe, il suffit qu'il soit conçu (art. 906); or il est conçu dès qu'il existe en fait. Nous répondons que l'article 906 est, par la force des choses, inapplicable aux établissements publics. Pour ces établissements, il n'y a en effet, rien qui ressemble à la conception de la personne physique. D'ailleurs, soutenir que l'existence de fait d'un établissement équivaut à la conception, au point de vue de la capacité d'acquérir à titre gratuit, revient à dire que cette existence de fait suffit pour conférer une existence légale, ce qui est la suppression de la nécessité de la reconnaissance. Ajoutons que cet effet rétroactif constituerait la plus grave des injustices au préjudice des héritiers du disposant. Dès le moment de la donation ou du décès, ceux-ci ont un

______

1. Troplong, *Donations*, T. II, n° 612.

droit acquis à demander la nullité de la libéralité adressée à l'établissement reconnu, et ce droit ne saurait leur être enlevé par un événement ultérieur. Donc la reconnaissance du bureau de bienfaisance doit être antérieure à la donation ou au décès du testateur.

Que penser du cas où la libéralité est faite sous la condition expresse d'une reconnaissance postérieure du bureau de bienfaisance? Troplong admet la validité d'une pareille disposition en se fondant sur le droit romain et sur l'ancien droit. La loi 62, pr., D., *de hered. inst.* (XXVIII, 5), permettait d'instituer un héritier sous la condition *cum capere potuerit*. Le même principe était admis dans l'ancien droit. Furgole (1), prévoyant l'hypothèse où une disposition a été faite au profit d'un collège ou d'une confrérie non encore autorisée, déclare que « l'effet de la libéralité étant conféré pour un temps où le collège sera capable, il n'y a point de doute qu'elle ne soit bonne ». Ricard (2) se prononce dans le même sens. Que telle ait été la solution admise à Rome et dans l'ancien droit, nous ne le contestons pas ; mais dans notre droit actuel elle est inacceptable. Le legs fait sous la condition *si nascatur*, au profit d'une personne non encore conçue au moment du décès du testateur doit être considéré comme non avenu. L'article 906 est, en effet, rédigé en termes généraux qui excluent toute distinction entre les legs pur et simples et les legs conditionnels. On reconnaît généralement, il est

1. Furgole, Ch. VI, Sect. 1, n° 37.
2. Ricard, Tome I, Part. 1ʳᵉ, nᵒˢ 612 et 613.

vrai, par argument de l'article 1040 que la capacité du légataire conditionnel doit s'apprécier uniquement au moment de la réalisation de la condition ; mais cette règle
n'est applicable qu'à la capacité civile, par opposition à la
capacité naturelle résultant de l'existence. D'ailleurs,
comme le disent fort justement MM. Aubry et Rau (1) :
« Dans le système contraire, rien ne serait plus facile que
d'éluder ou de tourner la disposition de l'art. 906, en re-
culant indéfiniment, au moyen d'une condition, l'époque
à laquelle devrait être exigée l'existence du légataire ; et
un pareil résultat doit faire rejeter le système qui y
conduit. »

Nous concluons donc que la libéralité adressée à un
établissement non reconnu, sous la condition soit expresse, soit tacite de sa reconnaissance postérieure, est
non avenue.

S'ensuit-il qu'une disposition faite pour fonder un établissement qui n'a encore aucune existence ne peut jamais produire aucun effet? On ne saurait aller jusque-
là. Ainsi, une libéralité est adressée à une personne
existante et capable, sous la charge d'un emploi déterminé, par exemple : Primus lègue 100,000 fr. à telle
commune, à la charge par celle-ci de fonder un bureau de
bienfaisance. L'efficacité de cette libéralité ne fait pour
nous aucun doute, car le seul motif qui, dans l'hypothèse précédente, s'opposait à la validité de la disposition, le défaut de personnalité au moment du décès

1. Aubry et Rau, § 649, note 2.

n'existe pas ici. Mais le bureau de bienfaisance aura-t-il, si plus tard il est reconnu, un droit, une action en justice contre le légataire pour réclamer l'exécution de la charge? MM. Aubry et Rau enseignent l'affirmative (1). Telle est aussi la doctrine de la Cour de cassation (arrêt du 21 juin 1870 ; Sir. 1870, 1, 367). Nous estimons, au contraire, que l'établissement appelé à bénéficier de la charge imposée au légataire ne pourra pas en réclamer l'exécution à son profit. Nous nous rallions, sur ce point, à l'opinion du savant annotateur de Sirey, M. Labbé. Voici comment il s'exprime (Sir. 1870, 2, 146, note): « Nous nous bornerons à un dilemme : Si l'établissement a une action en vertu de la clause contenant la charge et où il est désigné, il est légataire ou fidéicommissaire ; il est gratifié d'une façon directe ou indirecte ; alors, l'article 906, le principe de la contemporanéité d'existence avec le testateur lui est applicable, et le défaut d'existence entraîne une fin de non-recevoir. Ou l'art. 906, c'est-à-dire le principe que cet article suppose et que nous venons de rappeler, est inapplicable à la cause ; alors l'établissement charitable dont il est question n'est ni légataire ni fidéicommissaire ; il ne saurait puiser un droit dans la clause du testament où il est fait mention de lui.

« Est-ce à dire que la charge sera impunément inexécutée ? Non, le légataire est exposé à une révocation pour

---

1. Aubry et Rau, § 649, note 8.

inexécution des charges sur la demande de l'héritier du testateur. » Nous n'avons rien à ajouter à cette démonstration si concluante.

§ 2. — *De la nécessité de l'autorisation.*

Aux termes de l'article 910, « les dispositions entre vifs ou par testament au profit des hospices, des pauvres d'une commune ou d'établissement d'utilité publique n'auront leur effet qu'autant qu'elles seront autorisées par un décret du président de la République. » Cette disposition, qui ne vise que les établissements d'utilité publique, s'applique évidemment aux établissements publics et, par conséquent, aux bureaux de bienfaisance.

I. DES MOTIFS DE L'INTERVENTION DE L'ÉTAT.

Les motifs invoqués, pour justifier cette intervention, sont au nombre de trois :
1° L'intérêt des familles ;
2° L'intérêt des personnes morales elles-mêmes ;
3° L'intérêt de l'Etat.

1° *L'Intérêt des familles.* — Il faut, dit-on, protéger les familles contre les entraînements excessifs et les influences condamnables dont ces libéralités pourraient être le résultat. Cette considération, qui peut avoir quelque apparence de vérité lorsque la disposition est adressée à certains établissements, est sans fondement quand le disposant n'obéit qu'à une pensée charitable et humanitaire, le soulagement des pauvres. D'ailleurs, quelle que soit la nature de l'établissement donataire ou légataire, cette raison, tirée de l'intérêt des familles n'a pas pu, à elle seule, motiver la disposition de l'article 910. Certes, elle serait d'une puissance irrésistible si la liberté de tester était proclamée ; mais, tant que la réserve existera, tant que cette excellente institution n'aura pas été supprimée de nos lois, l'intérêt des familles sera suffisamment sauvegardé. Il faut donc chercher ailleurs la justification de l'atteinte portée par l'article 910 à la capacité de disposer dans la limite établie par le Code.

2° *L'intérêt des personnes morales elles-mêmes.* — L'État, dit-on, en second lieu, doit avoir un droit de tutelle sur les établissements publics, mineurs perpétuels, afin de les garantir contre une inprudente acceptation qui pourrait entraîner des charges excessives et consommer leur ruine. On comprend ce motif pour les établissements publics qui s'identifient presque avec l'État, comme les départements, comme les communes. Mais pour les établissements qui ont des intérêts propres, absolument distincts de ceux de l'État, la raison n'est pas péremptoire. L'intervention administrative est donc motivée par une autre considération.

3° *L'intérêt de l'État.* — Voilà le véritable fondement de l'art. 910. Apporter une entrave à l'accroissement démesuré des biens de mainmorte, tel a été le but du législateur. L'idée du danger résultant de la constitution de la mainmorte n'est pas nouvelle. Elle apparaît déjà dans le préambule de l'Edit de 1749 : « Il arrive souvent que, par

les ventes qui se font à des gens de mainmorte, les biens
immeubles qui passent entre leurs mains cessent pour
toujours d'être dans le commerce, en sorte qu'une très-
grande partie des fonds de notre royaume se trouve actuellement possédée par ceux dont les biens, ne pouvant
être diminués par des aliénations, s'augmentent, au contraire, continuellement par de nouvelles acquisitions. »
Évidemment ces considérations n'ont rien perdu de leur
valeur. En quoi donc l'État se trouve-t-il menacé par de
semblables libéralités ?— On a pu, à une certaine époque,
invoquer le préjudice résultant pour le fisc de la perte des
droits de mutation, par suite de l'absence de circulation
des biens ; mais ce préjudice n'existe plus depuis la loi du
25 février 1849, qui a soumis les biens de mainmorte à
une taxe annuelle. A défaut d'intérêt fiscal, la nécessité de
l'intervention de l'État se justifie par deux intérêts très-
sérieux, tirés : l'un de l'Économie politique, l'autre de l'ordre public.

La science économique enseigne que la propriété collective n'offre jamais le même stimulant que la propriété
individuelle ; on ne cultive pas pour des confrères ou des
associés comme pour soi. D'où, l'accumulation excessive
des biens entre les mains des personnes morales amène
fatalement une baisse dans le rendement des immeubles,
et, par suite, une diminution de la richesse générale.
L'État dont la mission consiste à assurer le développement le plus large de la prospérité publique a donc le
droit et le devoir d'intervenir ; et le seul moyen d'empê-

cher l'affaiblissement des forces productives du sol, c'est de contenir la propriété de mainmorte dans de sages limites.

L'ordre public commande cette solution d'une façon non moins impérieuse. Le premier devoir d'un État consiste à se défendre; or, si l'on supprimait tout contrôle en matière de libéralités, dans moins d'un siècle, les gens de mainmorte constitueraient des associations dont la puissance serait un danger permanent pour l'État. L'existence de l'État est donc liée de la façon la plus intime au maintien de l'article 910 du Code civil.

Au surplus, la nécessité de l'intervention du pouvoir central n'est actuellement contestée par personne. Les apologistes de la liberté de tester reconnaissent eux-mêmes l'effet salutaire de cette intervention. Écoutons l'un des plus convaincus, M. Le Play : « Partout, dit-il, l'État soumet à son contrôle les dons et legs destinés aux corporations perpétuelles ; il refuse son autorisation quand le legs viole une coutume respectable et il réprime l'abus lorsque la corporation ne répond plus à l'esprit de son institution (1). » Ces paroles nous dispensent de tout commentaire.

Le défaut d'intervention de l'administration entraîne la nullité de la libéralité. Cette nullité est absolue et peut être invoquée par tous et à toute époque, car elle est

—————

1. Le Play, *Organisation du travail*, page 273. — La *Réforme sociale*, tome I, page 218.

fondée sur la violation d'une règle d'ordre public. Le consentement des héritiers, même manifesté par un commencement d'exécution de leur part, ne saurait les empêcher de demander plus tard la nullité de la donation ou du legs non autorisé; en effet, l'art. 1340 du Code civil n'est pas applicable aux nullités basées sur les motifs d'ordre public (1).

II. — L'INTERVENTION S'APPLIQUE-T-ELLE A TOUTES LES LIBÉRALITÉS ?

Les dispositions au profit des bureaux de bienfaisance revêtent fréquemment la forme de dons manuels, de donations déguisées sous le voile de contrats à titre onéreux ou de donations par personnes interposées. Dans ces divers cas, l'autorisation est-elle nécessaire? Examinons successivement chacune de ces formes.

A. *Des dons manuels*. - La jurisprudence et la doctrine sont actuellement fixées sur la validité des dons manuels. Mais, sur la question qui nous occupe, l'accord est loin d'exister. Quelques auteurs et arrêts ont décidé que les dons manuels au profit des établissements publics ne sont pas soumis à la nécessité de l'autorisation (2). A l'appui de cette opinion, on argumente ainsi : les dons manuels

1. Cass., 24 juillet 1854 (Sir., 55, 1, 95).
2. Vazeilles, art. 937, n° 9. — Gaudry, *Législation des cultes*, tome III, n° 864. — Affre, *De l'administration temporelle des paroisses*, 1re partie, titre II, ch. III, art. 1 § 2. — Bourges, 29 novembre 1831 (Sir. 32, 2, 79). — Cass., 26 novembre 1833 (Sir., 34, 1, 57). — Paris, 12 janvier 1835 (Sir., 35, 2, 81).

ne sont pas assujettis aux conditions de forme dés dons ordinaires, ils sont notamment dispensés d'acceptation ; ce qui les caractérise, c'est que la libéralité est consommée par le simple desaisissement du donateur et la tradition au donataire. Or, exiger l'autorisation, c'est les soumettre à une formalité qui est incompatible avec leur nature. — Ce système est inacceptable ; il confond une question de forme avec une question de capacité. Sans doute, les dons manuels ne sont pas astreints aux solennités de l'article 931 du Code civil ; mais toutes les règles de fond qui régissent les donations ordinaires leur sont applicables. Ainsi, ils sont réductibles quand ils excèdent la quotité disponible ; ils peuvent être révoqués dans les cas prévus par la loi. Or, l'autorisation n'est pas une simple formalité, c'est une condition de fond sans laquelle un bureau de bienfaisance est incapable de recueillir la libéralité qui lui est adressée.

On ne comprendrait pas que l'incapacité disparût parce que la donation, au lieu d'être faite dans les formes ordinaires, se présente sous la forme d'un don manuel. D'ailleurs, ne serait-il pas singulier qu'une donation de faible importance fût soumise au contrôle du pouvoir central et qu'un don manuel d'une valeur souvent considérable échappât à ce même contrôle ? Vainement reproche-t-on à notre opinion d'engendrer des conséquences inadmissibles en exigeant l'autorisation pour les dons les plus minimes, les simples aumônes. Ce reproche n'est pas fondé ; de ce que nous soumettons les dons manuels à la nécessité de l'autorisation, il ne s'ensuit pas que nous y soumettions aussi les dons modiques ; il existe, en effet, entre ces deux sortes de libéralités, de profondes différences. Les dons modiques sont régis par des règles spéciales ; les dons manuels participent, au contraire, de la théorie des donations entre-vifs, sauf au point de vue de la forme. Reste à déterminer le criterium qui permettra de distinguer les dons manuels des dons modiques. Pure question de fait, souvent, il est vrai, difficile à résoudre. Le juge devra tenir compte de la situation de fortune du donateur, des relations existant entre le disposant et le gratifié, et de toutes autres circonstances (1).

B. *Des donations déguisées sous le voile de contrats à titre onéreux.* — Nous n'avons pas à examiner la question de savoir si, pour ces actes, le bureau de bienfaisance peut se passer de l'autorisation ; car, quel que soit le point de vue auquel on envisage l'acte, qu'on le considère comme une libéralité ou comme un contrat à titre onéreux, l'autorisation n'est pas moins nécessaire. Mais ici apparaît une difficulté. Supposons que l'autorisation ait été donnée ; les intéressés peuvent-ils, malgré cette autorisation, se prévaloir de l'article 911, aux termes duquel « toute disposi-

---

1. En ce sens : Foucart, *Droit administ.* III, 1721. — Vuillefroy, *Administration du culte catholique*, page 282. — Demolombe, XVIII, n° 603. — Laurent, XI, n° 306. — Aubry et Rau, § 649, note 67. — Poitiers, 14 janvier 1827. (Sir. 31, 1, 345). — Paris, 22 janvier 1850. (Sir. 50, 2, 7). — Paris, 7 décembre 1852. (Sir. 53, 2, 54). — Montpellier, 25 février 1862. (Sir. 63, 1, 214).

tion au profit d'un incapable sera nulle, soit qu'on la dé-
guise sous la forme d'un contrat onéreux..... »

Pour soutenir que l'article 911 est inapplicable on raisonne ainsi : ce texte ne prononce la nullité des donations déguisées que quand elles sont faites au profit d'un
incapable. Or, le bureau de bienfaisance reconnu est capable de recevoir à titre gratuit sous la condition d'une
autorisation, condition qui, dans l'espèce. est remplie.
Nous ne pouvons adhérer à ce raisonnement. Sans doute,
le Gouvernement a accordé l'autorisation, mais l'eût-il
accordée si la donation eût été faite d'une manière osten-
sible, apparente, au lieu d'être dissimulée sous le voile
d'un contrat à titre onéreux ? Il est permis d'en douter.
En effet, l'autorisation se donne plus facilement pour une
vente que pour une donation. En présence d'un contrat
à titre onéreux qui n'entraine ni appauvrissement ni en-
richissement, mais un simple changement de valeur dans
le patrimoine des contractants, l'administration n'examine pas l'intérêt de la famille de l'aliénateur comme
elle le fait quand elle est appelée à statuer sur une disposition à titre gratuit. Nous pensons donc que cette autorisation qui, en réalité, ne porte pas sur la donation,
est insuffisante pour relever le bureau de bienfaisance de
l'incapacité qui le frappe ; par conséquent, l'article 911
doit recevoir son application.

Mais par qui sera prouvé le déguisement ? — On a prétendu que la donation doit être présumée et que c'est à
l'incapable, c'est-à-dire au bureau de bienfaisance à éta-

blir qu'il y a réellement contrat à titre onéreux. Cette solution est en opposition avec la maxime que la fraude ne se présume pas et avec cette autre règle que le soin de la preuve incombe au demandeur ; c'est donc aux héritiers du disposant qu'il appartient de prouver le déguisement.

Au surplus, cette preuve peut être administrée par tous les moyens possibles ; les simples présomptions seront recevables, car il s'agit de mettre à jour une fraude. La question se transforme ainsi en une question de fait laissée à l'appréciation souveraine des magistrats qui décideront, en tenant compte des circonstances et des indices révélateurs de la fraude.

C. *Des donations par personnes interposées.* — La libéralité est faite à un tiers, donataire ou légataire apparent chargé de la transmettre au bureau de bienfaisance. L'article 911 nous paraît applicable à cette hypothèse ; car si le disposant a eu recours à un intermédiaire, c'est uniquement pour éluder la loi. Vainement objecterait-on que toute fraude est impossible, puisque l'établissement gratifié sera toujours obligé de recourir à l'autorisation et qu'il importe peu qu'il reçoive directement la libéralité du disposant ou qu'elle lui soit transmise par un intermédiaire. Cette objection est victorieusement réfutée par M. Bressolles dans son excellent Traité des dons manuels. « Bien que spécieuse, dit-il, elle ne laisse pas de cacher une méprise et si l'on validait ici l'interposition de personnes, l'article 910 serait, en dépit des apparences, entièrement éludé. Cet article a pour but d'attirer le contrôle

7.

de l'administration sur deux points : savoir si la disposition n'enrichit pas, hors de mesure, l'établissement gratifié et si elle n'appauvrit pas trop sensiblement la famille
du disposant. Or, dans le cas présent, le premier point
peut être contrôlé, mais, en revanche, il s'en faut que le
second le puisse être. Pour bien faire entendre cela, il
suffit d'imaginer l'hypothèse d'un donateur dont les parents sont pauvres et d'un tiers interposé dont, à l'inverse,
la famille est riche. Le Gouvernement qui serait appelé
à statuer touchant l'autorisation d'un don ainsi pratiqué
prononcerait certainememment à faux. Ses investigations
porteraient non sur la famille du donateur, comme il devrait être, mais uniquement sur celle de l'interposé. D'où
il suit que très probablement l'autorisation serait accordée, tandis qu'en effet les circonstances réelles du don y
devraient faire obstacle (1). »

Comment prouver l'interposition de personnes. — Par
tous les moyens possibles. Il y a peu de difficulté lorsque
le fidéicommis est exprès, c'est-à-dire lorsque le disposant a formellement imposé dans l'acte, au donataire ou
légataire, l'obligation de rendre au bureau de bienfaisance.
Mais cette hypothèse sera bien rare ; en effet, c'est presque toujours au moyen d'un fidéicommis tacite que s'accomplit l'interposition de personnes au profit de l'incapable. L'interposition constitue une fraude, c'est pourquoi
elle se dissimule. Dans ce cas, il s'agit de savoir à quels

---

1. Bressolles, *Dons manuels*, nº 156.

signes on pourra reconnaître le fidéicommis et s'il est
nécessaire qu'il y ait collusion entre le disposant et la
personne interposée d'une part, entre cette personne et
l'établissement d'autre part. A notre avis, il n'est pas nécessaire d'établir l'existence d'une convention entre le disposant et la personne interposée. L'article 911 n'exige pas
cette convention, il se borne à constater le seul fait de
l'interposition de personnes ; il n'est donc pas permis
d'ajouter une condition que le législateur n'a pas exigée.
Si la loi n'a pas défini le fidéicommis tacite, c'est parce
que la fraude aurait toujours trouvé moyen de se glisser
à travers les mailles d'une définition ; aussi, comme le dit
fort justement M. Demolombe (1), « les magistrats peuvent déclarer qu'il y a interposition de personnes lorsqu'il résulte des circonstances que le disposant n'a fait la
libéralité au donataire ou au légataire apparent que dans
l'intention que ce donataire ou légataire la restituât à un
incapable, et que le donataire ou le légataire doit dès lors,
lui-même, en honneur et en conscience, ne se considérer
que comme une personne interposée. Que la meilleure
preuve de cette intention du testateur et de cette obligation du légataire apparent résulte d'une convention
qui aurait eu lieu entre eux, cela est évident ; mais ce
qui nous paraît vrai aussi, c'est que la preuve de cette
convention n'est pas indispensable ».

A plus forte raison, n'est-il pas nécessaire qu'il y ait

1. Demolombe, XVIII, n° 640.

entente entre la personne interposée et l'établissement bénéficiaire. Il faut même aller plus loin : les tribunaux peuvent déclarer l'interposition, quoique la restitution n'ait pas encore eu lieu, dès qu'ils reconnaissent que cette restitution est moralement obligatoire.

Il arrive quelquefois que le disposant, après avoir adressé une libéralité à un établissement de bienfaisance par personne interposée, institue un légataire universel dans le but unique d'enlever aux héritiers naturels tout intérêt à attaquer cette interposition de personne. Que penser de ce legs universel ? — Il doit être annulé dès qu'il est démontré que le légataire universel n'a été institué que pour faire fraude à la loi et couvrir la nullité de la libéralité. (Toulouse, 30 novembre 1852; Sir. 53, 2, 32.)

III. DES DIVERS PARTIS QUE PEUT PRENDRE L'ADMINISTRATION.

L'administration, saisie d'une demande d'autorisation a le choix entre trois partis. Elle peut : 1° autoriser l'acceptation ; 2° refuser l'autorisation ; 3° accorder l'autorisation pour partie. Mais pour que l'administration saisie soit à même de se prononcer en parfaite connaissance de cause, plusieurs formalités ont été exigées :

1° D'après l'article 5 de l'Ordonnance du 2 avril 1817, « tout notaire dépositaire d'un testament contenant un legs au profit de l'un des établissements ou titulaires mentionnés ci-dessus sera tenu de leur en donner avis lors de l'ouverture ou publication du testament... » ;

2° En vertu du décret du 30 juillet-5 septembre 1863, tout notaire dépositaire d'un testament contenant un ou plusieurs legs au profit des communes, des pauvres, des établissements publics ou d'utilité publique, des associations religieuses et des titulaires énumérés dans l'article 2 de l'Ordonnance du 2 avril 1817 devra transmettre au préfet du département, sans délai, après l'ouverture du testament, un état sommaire de l'ensemble des dispositions de cette nature insérées au testament ;

3° L'intérêt des familles figurant au nombre des motifs qui justifient l'intervention administrative, il importe que les héritiers du disposant soient mis en demeure de formuler leurs réclamations. Lorsque la libéralité est adressée à un établissement religieux, l'ordonnance du 14 janvier 1831 organise une procédure spéciale. Aux termes de son article 3, « nulle acceptation de legs au profit des mêmes établissements ne sera présentée à notre autorisation sans que les héritiers connus du testateur aient été appelés par acte extrajudiciaire, pour prendre connaissance du testament, donner leur consentement à son exécution, ou produire leurs moyens d'opposition. S'il n'y a pas d'héritiers connus, extrait du testament sera affiché de huitaine en huitaine et à trois reprises consécutives au chef-lieu de la mairie du testateur et inséré dans le journal judiciaire du département, avec invitation aux héritiers d'adresser au préfet, dans le même délai, les réclamations qu'ils auraient à présenter. »

Pour les bureaux de bienfaisance, aucune mesure semblable n'a été prescrite. En 1811, un projet de décret fut élaboré pour combler cette lacune, mais il n'aboutit pas. Toutefois, les préfets furent invités par des circulaires ministérielles à statuer sur ce point et, en pratique, les héritiers du disposant avaient connaissance de la teneur du testament. Depuis le décret du 25 mars 1852, les héritiers doivent nécessairement être mis en demeure d'adhérer ou de s'opposer à l'exécution du testament, puisque de leur attitude dépend la détermination du pouvoir compétent pour autoriser. En effet, formulent-ils des réclamations, l'autorisation doit émaner du chef de l'État ; à défaut de réclamations, l'autorisation est donnée par le préfet ou le sous-préfet, suivant les distinctions que nous établierons ultérieurement. Cette mise en demeure constitue une formalité essentielle dont l'omission entraînerait la nullité de la décision intervenue (Arrêt du Conseil d'Etat, 22 janvier 1857). Elle est indispensable, alors même que le testateur aurait institué un légataire universel qui consentirait à l'exécution du testament.

Mais, en quelle forme doit être faite cette interpellation aux héritiers naturels et quel est le délai qu'on doit leur accorder pour se prononcer ? Le décret de 1852 est complètement muet sur la forme dans laquelle doit avoir lieu la mise en demeure. Par suite de ce silence, faut-il appliquer les règles de l'Ordonnance de 1831 ? Nous ne le pensons pas ; ce serait ajouter aux exigences du décret. Il suffit que les héritiers soient avertis d'une manière quelconque. Néanmoins, en pratique, l'administration procède à des notifications individuelles, et s'il n'y a pas d'héritiers connus, elle fait apposer des affiches à la mairie du lieu de l'ouverture de la succession.

Quant au délai à l'expiration duquel les héritiers mis en demeure doivent se prononcer, l'administration a toute latitude pour le fixer. Il faut toutefois laisser aux intéressés un laps de temps suffisant pour qu'ils puissent délibérer sur l'attitude qu'il leur convient prendre.

S'élève-t-il une contestation sur le point de savoir s'il y a eu mise en demeure effective ou si le délai accordé aux héritiers a été suffisant, c'est au ministre qu'il appartient de statuer, sauf appel devant le Conseil d'État.

La réclamation de la part des héritiers naturels n'est soumise à aucune forme. Elle doit être adressée au préfet.

Ajoutons que, malgré cette réclamation, le Gouvernement est libre d'autoriser, et qu'à l'inverse, le consentement des héritiers ne l'oblige pas à donner l'autorisation.

Examinons successivement les divers partis que peut prendre l'administration :

A. *Premier parti. — L'administration accorde l'autorisation.*

1. A quel moment l'autorisation doit-elle être donnée ? — S'agit-il d'une libéralité testamentaire, elle peut avoir lieu à n'importe quelle époque. S'agit-il d'une donation entre vifs, l'autorisation doit être donnée du vivant du

donateur. En effet, d'après l'article 937, l'autorisation doit précéder l'acceptation (1). Or, cette acceptation ne peut se produire que du vivant du donateur. Toutefois, on a prétendu que, pour les dons manuels, l'autorisation peut intervenir après le décès du donateur (2).

A l'appui de cette opinion, on argumente ainsi : si, en matière de donations ordinaires, l'autorisation est exigée du vivant du donateur, c'est uniquement parce que cette autorisation précède l'acceptation qui, pour produire son effet, doit nécessairement intervenir avant le décès de ce donateur. Or, relativement aux dons manuels, cette raison n'existe plus, car l'acceptation a nécessairement lieu avant le décès, attendu que l'offre et l'acceptation du don manuel constituent un tout indivisible. Sans doute, l'autorisation est nécessaire ; mais il n'y a aucun motif pour exiger qu'elle intervienne avant le décès du donateur. Pourquoi fixer un délai là où la loi n'en a établi aucun ?

La réponse est aisée. Tant que l'autorisation n'a pas été donnée, l'établissement est incapable et, par suite, la tradition de l'objet donné ne peut produire son effet. Vainement soutient-on que l'offre et l'acceptation forment un tout indivisible ; on confond deux opérations bien distinctes : l'acceptation et la réception. Le gratifié

---

1. Nous ne parlons pas de l'acceptation provisoire, sur laquelle nous nous expliquerons plus tard.

2. Demolombe, XX, nº 64 *bis*. — Cass. 18 mars 1867. (Sir. 67, 1, 295).— Paris, 23 janvier 1881, (Sir. 82, 2, 43).

reçoit le don manuel, mais il ne l'accepte pas. Il ne peut pas l'accepter tant qu'il n'est pas autorisé. Jusque-là, il n'y a qu'une simple offre, qu'une pollicitation.

« Pour que cette offre se transforme en contrat, il faut que le donataire devienne capable de recevoir, et qu'au moment où il le devient, le donateur soit encore capable de donner, c'est-à-dire soit encore vivant. Sinon, les héritiers ont le droit de révoquer l'offre qui n'a pas encore été valablement acceptée. En d'autres termes, le contrat ne peut se former après la mort du donateur, parce que le concours des volontés est devenu impossible. » (1)

II. Par qui doit-elle être donnée?—D'après la législation actuellement en vigueur, il faut distinguer suivant que la libéralité soulève ou non des réclamations de la part des héritiers. Au premier cas, l'autorisation émane du chef de l'Etat (Décret du 25 mars 1852, tableau Av). Lorsque la valeur de la libéralité excède 50,000 fr., le décret d'autorisation doit être rendu en assemblée générale du Conseil d'Etat. (Décret du 21 août 1872, art. 5, n° 5.)

En l'absence de réclamation de la part de la famille, une sous-distinction est nécessaire. La libéralité a-t-elle pour objet un immeuble quelle qu'en soit la valeur ou un meuble d'une valeur supérieure à 3,000 francs, l'autori-

---

1. Gauthier. *Revue critique de législation*, 1882, page 655. − Dans le même sens, Laurent, XI, page 419.

sation émanera du préfet. Il suffit qu'elle soit donnée par le sous-préfet, lorsque la libéralité consiste en objets mobiliers ou somme d'argent d'une valeur inférieure à 3,000 francs. (Décret du 13 avril 1861, art. 6, n° 19).

Il peut arriver qu'un même acte, donation ou testament, comprenne tout à la fois des dispositions devant être autorisées par le chef de l'État, et d'autres pouvant l'être par les préfets ou les sous-préfets. Que décider dans ce cas? Chaque disposition devra-t-elle être autorisée par le pouvoir compétent comme si elle était isolée? L'affirmative a été admise par une circulaire du ministre de l'Intérieur, à la date du 5 mai 1852. Quelques mois plus tard, le 28 septembre 1852, intervenait un avis de la section de l'intérieur du Conseil d'Etat distinguant entre les dispositions *connexes* et les dispositions *collectives*. D'après cette décision, sont *connexes* les libéralités liées entre elles de telle sorte que les unes apparaissent comme les conditions ou les charges des autres; exemple: un legs est fait à une fabrique, à la charge de disposer chaque année d'une certaine somme au profit du bureau de bienfaisance. Sont *collectives* les libéralités qui, quoique faites par un seul et même acte, n'ont entre elles aucune relation, sont distinctes et indépendantes les unes des autres; exemple: un testateur lègue à la fabrique un immeuble et au bureau de bienfaisance une somme d'argent. Au cas de libéralité connexe, les diverses dispositions doivent être soumises dans leur ensemble à une autorisation unique émanant du pouvoir central. Au cas de libéralité collective, chaque disposition sera autorisée par l'autorité compétente.

Cette distinction a été vivement critiquée et abandonnée par un avis du Conseil d'Etat, du 27 décembre 1855, dont il n'est pas superflu de faire connaître les motifs : « Considérant que la connexité dérive de la disposition même lorsque, par exemple, un legs est fait à une fabrique à la charge d'en affecter une partie au soulagement des indigents ; que, dans ce cas et autres analogues, il est constant et reconnu que la disposition ne peut être scindée, et que, dans le concours des deux compétences, elle doit être déférée à l'autorité la plus élevée ;

« Considérant qu'il ne saurait en être autrement lorsque les testaments ou actes de donation contiennent tout à la fois des libéralités en faveur d'établissements civils et d'établissements ecclésiastiques, dont l'acceptation peut être autorisée, pour les uns, par arrêté du préfet et pour les autres, doit l'être par décret ; que si, en effet, chaque autorité statuait séparément sur la demande en autorisation qui est de sa compétence, la décision du préfet, relative aux établissements civils, pourrait nuire à la liberté d'appréciation de l'autorité supérieure touchant les établissements ecclésiastiques ; — que, pour décider s'il convient, eu égard aux circonstances générales de l'affaire, à la fortune du testateur et à celle des héritiers, d'autoriser un legs en faveur d'un établissement ecclésiastique, il est nécessaire que le chef de l'État connaisse en même temps de toutes les autres libéralités ; qu'en outre des autorités dif-

férentes pourraient prendre des résolutions en sens contraire sur les mêmes actes entre-vifs ou de dernière volonté ; — qu'il ressort de ces considérations que c'est au
Gouvernement qu'il appartient de statuer sur les libéralités soit *connexes*, soit *collectives*, parce que seul il peut em-
brasser les diverses dispositions dans une vue d'ensemble
et apprécier les éléments de décision qu'une instruction
commune aurait réunis. Est d'avis....... »

Un arrêt du Conseil d'État, du 15 décembre 1865, a, par
application de cette théorie, annulé un arrêté préfectoral
autorisant un legs adressé à un bureau de bienfaisance
alors que, par le même acte, le testateur faisait au profit
d'une fabrique une libéralité pour laquelle l'autorisation
du chef de l'État était nécessaire.

La difficulté s'est présentée de nouveau lors de la mise
en exécution de la loi du 24 juillet 1867 qui investissait
les conseils municipaux du pouvoir d'accepter sans aucune
autorisation certains dons ou legs faits aux communes. Le
Conseil d'État, appelé à statuer sur la question, a rétabli,
par l'avis du 10 mars 1868, la distinction inaugurée en
1852 entre les dispositions connexes et les dispositions
collectives. Mais cet avis n'est applicable qu'aux libéralités faites aux communes. Lorsque les dispositions s'adressent à des établissements publics communaux, tels que
hospices ou bureaux de bienfaisance, ces dispositions sont
soumises dans leur ensemble à une décision unique : celle
de l'autorité la plus élevée.

C'est ce qui résulte formellement de l'avis du Conseil

d'État, du 16 février 1869: «Considérant, y est-il dit, que l'avis du 10 mars 1868 a eu uniquement pour but de déterminer comment il convient de procéder quand les libéralités faites aux communes sont connexes ou collectives; considérant, en conséquence, que cet avis s'applique exclusivement aux dons et legs purement gratuits qui sont faits à la commune et n'a pas entendu parler des libéralités faites aux établissements publics communaux, tels que les hospices ou hôpitaux et les bureaux de bienfaisance; est d'avis que lorsque des libéralités, soit connexes, soit collectives sont faites par le même acte entrevifs ou testamentaire, les unes, à un établissement ecclésiastiques, les autres à un établissement public communal, il doit être statué par décret sur l'ensemble des dites libéralités, conformément à l'avis du Conseil d'Etat, du 27 décembre 1855. »

III. L'autorisation doit-elle être provoquée ? — Ordinairement, l'établissement manifeste son intention de profiter de la libéralité qui lui est offerte et provoque l'autorisation. Mais l'administration peut-elle statuer sur cette autorisation avant toute demande de la part de l'établissement gratifié ? — Sous l'empire de la loi du 18 juillet 1837, l'affirmative n'était pas douteuse en ce qui concerne les communes. L'article 48 § 2 de cette loi disposait, en effet, ainsi : « Les délibérations qui porteraient refus de dons et legs et toutes celles qui concerneraient des dons et legs d'objets immobiliers ne sont exécutoires qu'en vertu d'une Ordonnance du roi.» — Or, disait-on,

si l'administration a le droit d'autoriser l'acceptation
d'une libéralité malgré le refus du conseil municipal,
elle a, *a fortiori*, le droit d'autoriser d'office, sans attendre
d'être saisie par l'établissement légataire. — L'article 48
de la loi de 1837 était, il est vrai, spécial aux communes ;
néanmoins la jurisprudence étendait ce texte à tous les établissements publics et notamment aux bureaux de bienfaisance. Sur quoi donc repose cette jurisprudence ?
M. Ducrocq en donne un double motif : « Elle est fondée,
dit-il, sur ce que le principe de la nécessité d'une autorisation pour l'acceptation des dons et legs faits aux établissements publics a pour raison d'être, non seulement
l'intérêt politique et économique de l'Etat contraire à
l'extension de la propriété de mainmorte, non seulement l'intérêt des familles, mais aussi l'intérêt de l'établissement donataire ou légataire qui peut être mal
défendu par ses représentants ; dans ce but, le droit
d'autorisation n'est complet et efficace qu'à la condition de
comprendre le pouvoir d'accorder l'autorisation d'accepter les dons et legs non seulement lorsqu'elle est demandée, mais aussi lorsqu'elle n'est pas demandée, et
même lorsque la commune ou l'établissement public
prétend refuser la libéralité. » (1)

Et plus loin, le même auteur ajoute (2) : « Les questions d'autorisation sont de celles qui, pour être équita-
blement et sainement appréciées et décidées, doivent

1. Ducrocq, *Cours de droit administratif*, 5e édition, n° 1448.
2. *Ibid.*, n° 1450, *in fine*.

l'être à peu d'intervalle des faits accomplis ; le droit de statuer d'*office* permet seul à l'autorité supérieure d'éviter l'affaiblissement ou la perte des preuves. Il donne seul à l'autorité supérieure l'indépendance qui doit lui appartenir dans ces questions dont il dépendrait, sans cela, de la volonté d'un établissement public ou d'utilité publique de lui soustraire la connaissance pendant un temps indéfini. Il donne seul à l'autorité supérieure les moyens de déjouer une véritable fraude dont la famille du testateur serait victime. »

Ces considérations ne manquent certainement pas de valeur en législation ; mais, au point de vue des textes, elles nous paraissent dénuées de toute force probante. Sous la loi du 24 juillet 1867, on pouvait, à la rigueur, prétendre que l'argument tiré de l'article 48 de la loi de 1837 conservait toute son énergie dans la majorité des cas. Mais, depuis la promulgation de la loi du 5 avril 1884, cette prétention est insoutenable. Aux termes de l'article 112 § 1 de la nouvelle loi, « lorsque la délibération porte refus de dons ou de legs, le préfet peut, par un arrêté motivé, inviter le conseil municipal à revenir sur sa première délibération. Le refus n'est définitif que si, par une seconde délibération, le conseil municipal déclare y persister. » Cet article a donc enlevé à l'administration le droit d'autoriser, au cas de refus du conseil municipal ; or, le droit d'autoriser avant toute demande n'était admis que comme une conséquence, un corollaire du droit

précédent; d'où, le premier disparaissant, le second doit
également disparaitre. L'innovation de la loi de 1884 est
des plus importantes, car elle a sa répercussion nécessaire sur les autres établissements publics. Le Conseil
d'État avait étendu à ces établissements la règle de l'article
48 de la loi de 1837; pour être logique, il devra désormais leur appliquer la disposition de l'article 112 § 1 de la
loi de 1884. Depuis la mise en vigueur de cette loi, les
tribunaux administratifs n'ont pas été appelés, à notre
connaissance du moins, à statuer sur la question, mais il
nous parait bien difficile qu'ils puissent persister dans
leur jurisprudence actuelle.

On reprochera peut-être à notre solution de placer les
héritiers dans une situation des plus fâcheuses. Comment
admettre, dira-t-on, qu'un établissement légataire puisse
par une inaction, prolongée pendant près de trente ans,
condamner les héritiers à subir les ennuis et les dangers
d'une incertitude et d'une attente aussi longue ? La réponse est aisée. Remarquons tout d'abord qu'il est presque chimérique de supposer que l'établissement restera
pendant si longtemps dans l'inaction. Mais, même en
admettant la réalisation de cette supposition, de quoi
les héritiers pourraient-ils se plaindre ? N'est-ce pas là
la situation normale ? Tout parent saisi de l'hérédité ne
jouit-il pas d'un délai de trente ans pour opter entre
l'acceptation ou la renonciation ? Les successibles qui le
suivent dans l'ordre de la successibilité ont-ils, pendant

ce délai, une action pour le contraindre à faire son option ? Evidemment non (1).

Nous pensons donc que l'administration doit être saisie par la Commission administrative du bureau de bienfaisance de la demande d'autorisation, et que, lorsque la délibération de la Commission porte refus d'accepter la libéralité, cette délibération ne peut pas être réformée par une autorisation d'office.

IV. *Des recours contre l'acte d'autorisation.* — Les actes d'autorisation sont des actes de tutelle administrative qui ne lèsent aucun droit acquis et qui, par conséquent, ne sont susceptibles que d'un recours gracieux. Cependant, par application d'un principe de droit commun actuellement incontestable, ils peuvent être déférés au Conseil d'Etat statuant au contentieux pour violation de forme, incompétence ou excès de pouvoir. Mais l'autorisation d'accepter la libéralité ne fait pas obstacle à ce que l'autorité judiciaire statue sur les difficultés relatives à la validité de cette libéralité. L'autorisation ne dispense pas, en effet, la libéralité des conditions de forme ou de fond prescrites par le droit commun. Les héritiers peuvent donc demander aux tribunaux judiciaires la révocation de la donation, sa réduction à la quotité disponible. Ce droit leur est formellement reconnu par l'article 7 de l'ordonnance du 2 avril 1817 : « L'autorisation pour l'acceptation ne fera aucun obstacle à ce que les tiers

1. En ce sens, Aubry et Rau, § 610, note 5.

intéressés se pourvoient par les voies de droit contre les dispositions dont l'acceptation aura été autorisée ». Toutefois, si l'autorité judiciaire est compétente pour statuer sur la valeur de la disposition qui a été soumise à l'examen de l'autorité administrative, elle ne l'est plus pour apprécier l'opportunité ou la validité de l'acte d'autorisation, ni pour l'interpréter. Cette distinction n'est que l'application pure et simple du principe de la séparation de l'autorité judiciaire et de l'autorité administrative (Comp. Conseil d'Etat, 27 mars 1874 ; Sir. 1876. 2. 62 et la note).

B. *Deuxième parti.* — L'administration refuse l'autorisation.

L'administration, qui peut autoriser, possède par là même le droit de refuser l'autorisation d'une façon complète et absolue. Ce droit incontestable est rarement exercé ; cependant, le refus peut être rendu nécessaire lorsque l'un des intérêts qui motivent l'intervention administrative est lésé par la libéralité.

Quid ? l'administration peut-elle refuser l'autorisation avant que la Commission ait délibéré sur la libéralité ? — On fait découler le droit de refuser d'office du droit d'autoriser d'office. Ecoutons encore M. Ducrocq (1) : « Autoriser, c'est statuer ; autoriser d'office c'est statuer d'office ; or, statuer sur une question d'autorisation d'accepter un legs, c'est autoriser ou refuser l'autorisation ;

---

1. *Ibid.*, n° 1449.

statuer d'office c'est, en pareille matière, faire l'une de ces deux choses, ou autoriser d'office l'acceptation, ou refuser d'office l'autorisation d'accepter ; donc, puisque l'administration a le pouvoir de statuer d'office pour accorder une autorisation, elle a le droit de statuer d'office pour refuser cette autorisation, l'établissement légataire ne faisant, dans un cas comme dans l'autre, aucune demande d'autorisation. » Ce raisonnement est parfaitement déduit, mais il suppose que l'administration a le droit d'autoriser d'office ; or, nous avons déjà démontré qu'on ne saurait actuellement lui reconnaître un pareil droit, on ne peut donc pas plus lui reconnaître le droit de refuser d'office.

Ajoutons que l'acte qui refuse l'autorisation est, comme celui qui l'accorde, un acte de tutelle administrative échappant à tout recours contentieux, sauf dans les cas de violation de forme, incompétence ou excès de pouvoir.

C. *Troisième parti.* — L'autorité accorde l'autorisation pour partie.

Nous ferons tout d'abord remarquer qu'il ne peut être question d'autorisation partielle qu'en matière de libéralité testamentaire. En effet, la donation est un véritable contrat qui suppose, pour se former, un concours parfait entre les volontés du donateur et du donataire ; or, ce concours de volontés est impossible si la valeur offerte est supérieure à la valeur acceptée. Aussi, en pratique, les questions que soulève l'autorisation partielle ne se posent-elles qu'à propos des legs. S'agit-il d'une donation, si l'administration estime qu'elle est excessive elle avertit le donateur qui s'empressera de réduire la libéralité, afin de prévenir un refus absolu d'autorisation.

1. *Ce droit d'autorisation partielle est-il légal ?* La loi, qui donne à l'administration le pouvoir de donner ou de refuser l'autorisation en totalité lui confère-t-elle aussi la faculté d'accorder l'autorisation pour partie et de la refuser pour partie, autrement dit, le droit de réduire le legs ? La question est très controversée.

Les partisans de la légalité de la réduction invoquent trois sortes d'arguments ; examinons-les successivement :

1° L'ancienne jurisprudence admettait, dit-on, le droit de réduction. — Consultons l'ancien droit. — Avant l'Édit de 1749, on chercherait vainement un texte autorisant le droit de réduction. Quant à l'Édit de 1749, qui pose en termes formels la nécessité de l'autorisation, il ne parle pas de la réduction. Ce droit, du reste, ne pouvait pas trouver place dans l'Édit, car les legs d'immeubles étaient prohibés et les legs mobiliers n'étaient pas soumis à la nécessité de l'autorisation. L'Édit de 1762 lève la prohibition de léguer des immeubles aux hospices, mais il est complètement muet sur la réduction. La faculté de réduire n'est donc consacrée par aucun monument législatif. Si maintenant nous parcourons la jurisprudence des Parlements, nous constatons que cette jurisprudence était loin d'être unanime sur la question qui nous occupe. Les Parlements du Nord se refusaient à reconnaître aux gens de mainmorte la capacité de recevoir à titre universel. C'est pourquoi quelques-uns d'entre eux, désireux de faire bénéficier le légataire d'une partie de la libéralité qui lui était adressée, adoptèrent à titre d'expédient la réduction. Quant aux Parlements des pays de droit écrit, ils respectaient trop les principes de la liberté testamentaire pour avoir jamais songé à réduire les libéralités faites, soit aux établissements religieux, soit aux établissements laïques.

A l'époque de la Révolution, les établissements publics sont privés de la capacité de recevoir des libéralités, car ils n'ont plus de patrimoine, leurs biens ayant été réunis au Trésor national ; il ne peut par conséquent pas être question de réduction.

Le premier arrêté des consuls, qui autorisa de nouveau l'acceptation de legs au profit des établissements publics, fut celui du 19 vendémiaire an IX. De l'an IX à l'an XI, époque de la promulgation du Code civil, les autorisations devinrent de plus en plus fréquentes ; mais, dit M. Bernard (1), « on parcourt vainement les arrêtés d'autorisation au *Bulletin des Lois*, on n'y trouve aucun exemple de réduction ; les legs sont toujours ou refusés ou acceptés en entier, excepté dans quelques cas où ils dépassent la quotité disponible. » L'argument tiré de l'ancien droit n'est donc pas probant.

2° On invoque, en second lieu, les travaux préparatoires du Code civil et ceux de la loi de 1817. On rappelle ces

1. Bernard, *Revue historique*, tome X, pages 37 et suiv.

paroles de Bigot-Préameneu : « Le Gouvernement doit empêcher qu'il n'y ait dans ces dispositions un excès condamnable » (1). On cite également le passage du rapport de la loi de 1817 où Lainé dit que « le roi doit être le modérateur des vertus les plus généreuses » (2), et l'on voit dans ces expressions des allusions évidentes au droit de réduction. — Ces allusions sont tout au moins douteuses, car les paroles précitées peuvent s'entendre tout aussi bien du droit de refuser les libéralités que du droit de les réduire. Les travaux préparatoires doivent être écartés du débat ;

3° Enfin, dit-on, le gouvernement qui a le droit de refuser a, *a fortiori*, le droit de réduire ; qui peut le plus peut le moins. D'ailleurs, qu'est-ce que la réduction, sinon l'exercice simultané du droit d'autoriser et du droit de refuser ? — On pourrait citer de nombreuses hypothèses où l'adage « qui peut le plus peut le moins » ne comporte pas d'application ; d'où, l'argument tiré de cet adage n'est rien moins que concluant.

Quant à reconnaître au Gouvernement le droit de réduction, sous prétexte que ce droit constitue l'exercice simultané de la faculté d'autoriser et de la faculté de refuser, c'est introduire dans la loi un troisième parti dont on chercherait vainement la trace. Ni l'article 910, ni les arrêtés du 15 brumaire et du 15 pluviôse an XII, ni les décrets du 18 germinal an X et du 12 août 1807, ni la loi

1. Fenet, tome XII. p. 509.
2. *Moniteur*, 29 novembre 1817.

du 2 janvier 1817 et l'Ordonnance du 2 avril de la même année qui la complète ne visent soit directement soit indirectement ce prétendu droit de réduction. La jurisprudence administrative elle-même a été tout d'abord indécise ; ce n'est qu'en 1809 que ce droit fait son apparition, non sans soulever quelque opposition. Un sieur Michaut avait dit dans son testament : « je lègue et donne à l'hôpital d'Abbeville tout ce que les lois me permettent et m'autorisent de lui donner au jour de mon décès ». Sur la protestation des héritiers, le préfet proposa une réduction de moitié. La section de l'intérieur, sur le rapport du comte Molé, émit à l'unanimité l'avis que si le legs pouvait être recueilli par moitié, il pouvait l'être aussi pour le tout. Néanmoins, le 18 juin 1809, fut rendu le décret suivant : « le legs universel... sera accepté pour un quart seulement par la Commission administrative des hospices d'Abbeville... les trois autres quarts seront recueillis par les héritiers naturels et partagés entre eux selon les lois ». Depuis lors, il est vrai, le Conseil d'État a constamment admis le droit de réduction ; malgré tout le respect que nous professons pour les décisions de cette haute assemblée, nous n'hésitons pas à penser que le droit de réduction est illégal et que le Gouvernement ne l'exerce que par un abus de pouvoir.

Les critiques que nous venons de formuler s'appliquent également et par *a fortiori* au droit que prétend s'attribuer l'administration de n'accorder l'autorisation que

sous certaines conditions qu'elle détermine arbitrairement.

Est-ce à dire que la réduction ne présente aucun avantage? Loin de là ; elle permet de s'opposer à l'extension
démesurée des gens de main-morte, tout en respectant
dans une certaine mesure les volontés du disposant. Les
familles ne sont pas recevables à s'en plaindre, car si le
gouvernement autorisait pour le tout, ce qui est son droit,
elles seraient complètement dépouillées. Quant aux établissement légataires, ils seraient encore plus mal venus
à la critiquer, car, le plus souvent, l'administration refuserait l'autorisation, si elle n'avait pas la facilité d'en atténuer les inconvénients.

Par suite de ces avantages pratiques, le droit de réduction est fréquemment exercé. Aussi, malgré son illéga-
lité, mérite-t-il de fixer notre attention. Examinons les
questions que soulève son application.

Remarquons tout d'abord la différence qui sépare cette
réduction de celle dont parlent les articles 920 et suivants
du Code civil. La réduction visée par ces textes est prononcée par les tribunaux ordinaires ; eux seuls sont compétents pour statuer sur toutes les difficultés auxquelles elle donne lieu. Au contraire, la réduction dont nous
nous occupons est prononcée par l'autorité administrative qui peut l'opérer dans les limites où elle le juge
convenable. Du relevé des avis du Conseil d'Etat, il résulte que l'administration se guide ordinairement d'a-
près les règles suivantes : elle recherche si le testateur a

laissé des héritiers, s'ils n'ont rien reçu par actes entre-
vifs ou testamentaires (1), s'ils consentent ou non à
l'exécution de la libéralité (2), dans quel but la libéralité a été faite (3), quelle est la position de fortune du
testateur, quels sont les besoins et la situation pécuniaire de l'établissement légataire (4), quelle est la nature et l'origine des biens légués (5), etc.

II. *Des effets de la réduction.* — Change-t-elle le caractère du legs ? — S'il s'agit d'un legs universel, le trans-
forme-t-elle en legs à titre universel ou à titre particulier, suivant qu'il y a réduction à une quotité ou à une
certaine valeur ?

La question présente des intérêts considérables relativement à la saisine, à l'acquisition des fruits et au paiement des dettes et charges.

On a soutenu que la réduction, supprimant la vocation éventuelle du légataire à l'universalité de la succession, enlève par cela même au legs son caractère de legs
universel (Nîmes, 29 déc. 1862 ; Sir. 64, 2, 69).

Nous ne saurions adhérer à cette opinion. En effet,
c'est dans le testament que l'établissement puise son titre pour venir à la succession. Or, la qualité du légataire

1. Avis du comité de l'intérieur des 8 nov. 1833 et 16 déc. 1834.

2. Avis de la section de l'intérieur du 10 fév. 1852.

3. Avis du Conseil d'État des 6 sept. et 20 sept. 1849, 16 mars 1850, 29
juillet 1851.

4. Avis du Conseil d'État du 10 sept. 1830 et 29 août 1834.

5. Avis du Conseil d'État du 17 janv. 1850. « Il n'y a pas lieu de réduire
les legs charitables si le testateur était prêtre et s'il devait à l'église la plus
grande partie de sa fortune ».

est fixée au jour du décès. C'est à ce moment qu'il faut
se placer pour déterminer le caractère du legs ; ce caractère ne peut pas plus être modifié par l'effet ultérieur de
la réduction qu'il ne le serait par la présence d'héritiers
réservataires. La situation de l'établissement est analogue à celle d'un légataire universel chargé de distribuer
une partie de la succession à des légataires particuliers.
En principe, il est vrai, le légataire universel profite de
la caducité des legs particuliers, tandis que l'établissement ne peut rien recueillir au-delà des limites tracées
par l'acte de réduction ; mais cette incapacité, dont est
frappé le bureau de bienfaisance, ne nous paraît pas de
nature à modifier le caractère du legs. Comme le dit
M. Dutruc (1), « autre chose est le droit de restreindre les
effets de la disposition dans un intérêt dont la loi a établi le
Gouvernement juge souverain, autre chose le droit de détruire complètement l'œuvre du testateur pour le remplacer par une disposition d'une nature différente. » Le
legs universel réduit doit, à notre avis, être assimilé au
legs universel fait par un mineur de seize ans ainsi qu'au
legs universel fait par un testateur qui a des parents au
degré successible en faveur d'un enfant naturel légalement reconnu. Dans le premier cas, le mineur de seize
ans ne peut disposer par testament que de la moitié de
ses biens (art. 904) ; dans le second cas, le testateur ne
peut pas excéder la quotité fixée par l'article 757, et ce-

1. Dutruc, *in* Sirey 1860, 2, 162, note.

pendant on n'hésite pas à reconnaître à ces deux legs le caractère de legs universel (1).

De ce que le legs, malgré sa réduction, reste legs universel, il résulte que :

1° S'il n'y a pas d'héritier réservataire, le bureau de bienfaisance institué par testament authentique est saisi de plein droit des objets légués, dans la limite de la réduction prononcée (art. 1006). Il n'a pas à demander la délivrance, c'est lui qui sera tenu de délivrer aux héritiers la part que l'administration lui a enlevée. L'acte de réduction ne pourrait même pas priver l'établissement légataire de la saisine légale.

Si, au lieu d'être institué par un testament authentique, il l'était par un testament olographe ou mystique, il serait tenu, conformément à l'article 1008, de se faire envoyer en possession par une ordonnance du président ;

2° En l'absence d'héritier réservataire, les fruits et intérêts de la partie du legs que l'établissement légataire est autorisé à recueillir lui sont dus à partir du décès du testateur ;

3° De ce que le legs universel conserve son caractère primitif, malgré la réduction dont il est l'objet, s'ensuit-il que l'établissement reste seul tenu du paiement des dettes et charges, à l'exclusion des héritiers non réservataires, appelés par l'effet de cette réduction à recueillir une partie de la succession ? Nous ne le pensons pas.

1. Aubry et Rau, § 719, note 3.

— En effet, si, en règle générale, toutes les charges de la succession pèsent sur le légataire universel seul, c'est parce que les héritiers légitimes sont écartés de cette succession. Si, par une circonstance quelconque, ils y sont appelés, le principe de l'article 873, d'après lequel les héritiers sont tenus des dettes et charges concurremment avec le légataire universel, doit reprendre son empire. Cette solution n'est pas douteuse en présence de l'article 1017, ainsi conçu : « Les héritiers du testateur ou autres débiteurs d'un legs seront personnellement tenus de l'acquitter chacun au prorata de la part et portion dont ils profiteront dans la succession. » En ce sens se prononce la Cour de cassation. Par un arrêt du 22 avril 1856 (Sir. 56, 1, 388), elle a jugé que le légataire universel dont le legs a été annulé quant à une partie des biens légués sur la demande des héritiers non réservataires n'est pas tenu seul du paiement des dettes et des legs, mais qu'il n'y est soumis que concurremment avec les héritiers.

III. *A qui doit profiter la réduction.* — Les biens réduits retombent dans la succession ; ils seront donc recueillis par les héritiers dans l'ordre où la loi les appelle à succéder. L'acte de réduction ne saurait disposer des biens libres au profit de certains parents. Comme le dit justement l'arrêt de la Cour de cassation du 13 juillet 1868 (Sir. 69, 1, 208) : « Attendu, en droit, que si parmi les raisons d'ordre très divers qui peuvent déterminer le Gouvernement à refuser ou à restreindre l'autorisation d'accepter les legs faits aux établissements publics, entre souvent l'intérêt que peuvent inspirer les parents que ces libéralités privent de la succession à laquelle la loi les appelle, il ne saurait appartenir au Gouvernement et il n'entre jamais dans sa pensée de faire attribution des biens que laissent libres soit le refus absolu d'autorisation, soit l'autorisation restreinte ; que ces biens restent ainsi soumis au droit commun... »

Il arrive souvent que le testateur, après avoir fait un legs à un bureau de bienfaisance, déclare que ce legs sera sans effet pour le tout dans le cas où, par suite d'une réduction, il ne recevrait pas sa pleine et entière exécution.

Cette clause qui enlève à l'administration le droit de réduction est-elle valable ? — Deux hypothèses doivent être distinguées :

Première hypothèse. — Le testateur n'a fait aucune autre attribution de la chose léguée.— Dans ce cas, la clause doit, à notre avis, demeurer sans effet, et être considérée comme non écrite, personne n'ayant intérêt à en demander soit l'exécution soit la nullité. De deux choses l'une, ou l'administration autorise pour le tout ou elle n'autorise que pour partie. Autorise-t-elle pour le tout, elle use d'un droit qu'elle puise dans le legs lui-même et qu'elle aurait pu exercer en l'absence de la clause interdisant la réduction ; dès lors, les héritiers ne peuvent pas se plaindre de ce que le Gouvernement a fait usage d'un droit auquel cette clause n'a rien ajouté. Si, nonobstant cette clause, l'administration autorise pour partie, le bureau de bienfaisance ne sera pas recevable à réclamer, car l'administration aurait pu refuser pour le tout. Quant aux héritiers, auxquels le surplus sera dévolu, ils seront encore moins recevables à se plaindre, puisque l'autorisation partielle, loin de leur causer un grief, leur est favorable. A leur égard, l'administration joue le rôle d'un donateur. Or, ne serait-il pas singulier que le donataire pût obliger le donateur à augmenter le chiffre de la libéralité ?

Deuxième hypothèse. — Le testateur a déclaré que dans le cas où le legs fait au bureau de bienfaisance ne recevra pas sa pleine et entière exécution, ce legs demeurera sans effet et sera dévolu à un tiers institué légataire et appelé à le recueillir au lieu et place de l'établissement. Ici, les héritiers ont évidemment intérêt à demander la nullité de la clause, et à faire ainsi tomber l'institution subsidiaire ; car, au cas de réduction, ils profiteront seuls de cette réduction. Mais il ne suffit pas, pour que les héritiers puissent demander la nullité, qu'ils y aient intérêt ; il faut encore que cette demande soit justifiée. Or, l'est-elle? —Nous ne le pensons pas. En matière de legs on doit avant tout tenir compte de la volonté du testateur. Dans l'espèce, cette volonté n'est pas douteuse. Le disposant a considéré le legs comme indivisible dans son exécution ; il a voulu que, dans tous les cas, ses héritiers fussent exhérédés. C'est pourquoi il a institué deux légataires, le second étant appelé à recueillir le legs, au cas où le premier ne pourrait ou ne voudrait le recueillir en entier. En conséquence, la prétention des héritiers est en opposition manifeste avec la volonté du défunt. Pour que cette volonté cesse de recevoir son exécution, il faut qu'elle soit clairement et directement contraire à l'ordre public. Il s'agit donc de rechercher si la clause par laquelle le testateur déclare que le legs fait à un bureau de bienfaisance sera irréductible est contraire à l'ordre public. Ce qui est d'ordre public, c'est la nécessité de l'autorisation, parce que, soit dans l'intérêt des familles, soit dans un but d'intérêt général, la loi n'a pas voulu qu'on puisse faire sortir librement et sans contrôle des biens de la circulation pour les immobiliser entre les mains d'établissements dont il peut y avoir intérêt et utilité, dans certains cas, à ne pas laisser augmenter outre mesure le patrimoine. Or, comme le dit fort bien M. Massé (1), « à ce point de vue, on ne peut jamais considérer comme contraire à l'ordre public la clause qui, loin de soustraire une libéralité à l'autorisation, rend, au contraire, l'autorisation plus difficile à obtenir et expose l'établissement public à ne rien recevoir de ce qui lui a été donné.

Tout ce qui résulte d'une clause de cette nature, c'est que si la libéralité paraît excessive au Gouvernement qui ne peut la réduire, il n'en autorisera pas l'acceptation ; mais il n'en résultera jamais qu'une portion quelconque de la chose donnée passe à l'établissement légataire s'il n'a pas été autorisé à l'accepter. Il ne faut pas perdre de vue, en effet, que la nécessité de l'autorisation, écrite dans l'article 910, est établie, non dans l'intérêt des établissement publics, mais dans l'intérêt des familles et du

____

1. Sir 1863, 1, 170, note.

public. Si donc une clause particulière empêche le gouvernement d'exercer la faculté de réduction et le met dans la nécessité d'accepter tout ou de refuser tout, cette nécessité qui, au cas où la libéralité est excessive, aura pour conséquence un refus d'autorisation, loin d'être contraire à la loi, rentre plutôt dans son esprit et ne peut jamais être considérée comme ayant pour but de soustraire d'une manière quelconque, directement ou indirectement, cette libéralité au contrôle du gouvernement. »

Mais, dit-on, il n'est pas permis de paralyser la faculté qui appartient à l'administration d'autoriser l'acceptation partielle des libéralités qu'il juge excessives et contraires aux devoirs du testateur envers ses héritiers naturels ; or, c'est ce qui se produirait si la clause insérée dans le testament devait être respectée. On pourrait répondre qu'il n'y a guère d'inconvénient à supprimer une faculté dont l'exercice est des plus contestables ; mais, même en admettant la légalité du droit de réduction, nous ne saisissons pas la portée de l'objection. Que cette clause gêne le Gouvernement ; qu'elle puisse avoir pour conséquence de l'obliger à donner ou à refuser l'autorisation pour le tout quand il eût préféré ne la donner que pour partie, nous ne le méconnaissons pas ; mais là n'est pas la question ; il s'agit uniquement de rechercher si le testateur, qui n'était pas obligé de gratifier le bureau de bienfaisance, n'a pas pu lui préférer le légataire substitué dans le cas où ce bureau de bienfaisance ne recueillerait pas la libéralité de la manière déterminée et prévue. Or, la question ainsi posée doit incontestablement être tranchée dans le sens de la liberté des dispositions testamentaires.

Vainement reprocherait-on aux solutions que nous avons admises dans les deux hypothèses ci-dessus d'être contradictoires, la contradiction n'est qu'apparente. L'intention du testateur étant différente dans les deux cas, les solutions doivent également être différentes. Dans le premier cas, le disposant a préféré le légataire à ses héritiers ; mais ceux-ci n'ont pas été formellement exhérédés. Dans le second cas, le disposant a nettement déclaré que ses héritiers ne devraient jamais venir à la succession ; on ne saurait donc leur en attribuer une partie sans méconnaître ouvertement les volontés du *de cujus*.

§ 3. *De l'acceptation de la libéralité.* — L'autorisation confère au bureau de bienfaisance la capacité d'accepter la libéralité qui lui est faite, mais ce n'est que par l'acceptation que cet établissement est investi du droit à la chose donnée ou léguée. L'acceptation sera faite conformément aux règles du droit commun. Elle peut être pure et simple ou bénéficiaire. Quelques auteurs sont même allés jusqu'à soutenir que l'acceptation bénéficiaire est toujours obligatoire pour les bureaux de bienfaisance. A l'appui de leur thèse, ils ont argumenté de l'analogie qui existe entre les établissements publics et les mineurs. Il est vrai que, dans certains cas, la loi assimile ces établissements aux mineurs, mais alors elle prend le soin de s'en expliquer formellement (art. 2045, 2121). Or, l'assimilation n'existe pas au point de vue bénéficiaire ; on ne saurait donc se montrer plus rigoureux que le législateur. Il n'y a, d'ailleurs, aucune raison pour imposer aux bureaux de bienfaisance les lenteurs et les frais qui sont inhérents à une pareille acceptation.

L'acceptation sera faite par la Commission administrative du bureau de bienfaisance.

Que décider si la Commission néglige ou refuse d'accepter la libéralité? Tout d'abord il est certain que le bureau de bienfaisance ne sera pas restituable contre le défaut d'acceptation. La règle posée à cet égard par l'article 942 du Code civil nous paraît applicable par *a fortiori* aux établissements publics. Mais le bureau n'aura-t-il pas un recours en garantie contre ses administrateurs? L'article 942 qui accorde expressément ce recours aux femmes mariées, aux mineurs et aux interdits garde le silence relativement aux établissements publics mentionnés cependant dans les articles 937 et 940. De ce silence on a conclu que les représentants de ces établissements ne sont pas soumis à la responsabilité civile édictée par l'article 942. Cette conclusion se trouve fortifiée par les travaux préparatoires du Code civil. M. Joubert déclarait dans son rapport au Tribunat que « si le projet garde le silence sur les recours à exercer contre les administrateurs c'est que, à leur égard, il ne doit y avoir que la responsabilité attachée à leur fonctions. « On ne doit pas, à notre avis, s'arrêter à ces objections. L'article 14 de l'Ordonnance de 1731 soumettait expressément les administrateurs à la responsabilité pour défaut d'acceptation, et il n'existe aucune raison pour que le Code ait abandonné un principe aussi rationnel et aussi équitable. Les paroles de M. Joubert ne sont pas d'ailleurs concluantes ; elles peuvent être l'expression d'une opinion personnelle ; dans tous les cas, elles n'ont pas plus de valeur que la plupart des passages des travaux préparatoires. Quant à l'argument *a contrario* tiré de l'article 942, il ne prouve rien sinon que ce texte est incomplet. Mais, en l'absence d'une disposition spéciale, faut-il conclure que les administrateurs sont affranchis de toute responsabilité civile ? Évidemment non ; l'article 1382 leur est applicable, ainsi que nous l'avons établi plus haut. D'ailleurs il n'est pas possible d'admettre que l'obligation pour les administrateurs des bureaux de bienfaisance d'accepter les libéralités adressées à ces établissements soit dépourvue de toute sanction ; or, cette sanction ne peut consister que dans un recours en garantie. Notons cependant que par le seul fait du défaut d'acceptation, la responsabilité des administrateurs ne sera pas nécessairement encourue. Il peut arriver en effet que le refus d'acceptation soit motivé par l'intérêt bien entendu de l'établissement légataire ou donataire. Il y a là une question de fait laissée à l'appréciation des tribunaux.

Ce que nous venons de dire du défaut d'acceptation, s'applique également au défaut de transcription des donations immobilières. Toutefois, lorsque la transcription n'aura pas été requise par les administrateurs, il ne suffira pas que ceux-ci soient en faute, il faudra encore établir que le défaut de transcription a occasionné un préjudice à l'établissement donataire; en effet, il ne peut y avoir lieu à dommages-intérêts pour une faute non dommageable.

De l'acceptation provisoire. — L'acceptation ne peut, en principe, ainsi qu'il résulte de l'article 937, avoir lieu qu'après l'autorisation obtenue. De cette nécessité résultent les dangers les plus graves. Les lenteurs inévitables de la procédure en autorisation privent souvent l'établissement donataire du bénéfice de la libéralité; tant que l'offre n'aura pas été acceptée, le donateur peut la retirer, aliéner valablement l'immeuble donné, le grever de servitudes, l'hypothéquer; s'il vient à mourir au cours de l'instance en autorisation, l'autorisation sera caduque; dans tous les cas, les fruits et intérêts de la chose léguée à titre particulier seront perdus pour l'établissement légataire pendant l'intervalle qui sépare le décès du testateur de l'acceptation. Ces dangers avaient été prévus dans la discussion de l'art. 937 au Conseil d'État. M. Jollivet (1) avait demandé que les administrateurs des établissements publics eussent le droit d'accepter provisoirement les libéralités afin d'en empêcher la caducité en cas de mort ou de révocation du donateur. M. Bigot-Préameneu répondit qu'il était impossible de donner aux administrateurs le droit d'accepter avant l'autorisation, et la rédaction primitive de l'article fut maintenue.

1. Locré, tome XI, VII, 19

La faculté d'acceptation provisoire a cependant été consacrée au profit des communes par l'article 48 de la loi
du 18 juillet 1837. Aux termes de cet article «....... le
maire peut toujours, à titre conservatoire, accepter les
dons et legs en vertu de la délibération du conseil municipal ; l'Ordonnance du roi ou l'arrêté du préfet qui intervient ensuite a effet du jour de cette acceptation. » Cette
disposition a été maintenue, sauf quelques différences de
rédaction, par la loi du 5 avril 1884, art. 113 : « Le maire
peut toujours, à titre conservatoire, accepter les dons ou
legs et former avant l'autorisation toute demande en délivrance. Le décret du Président de la République, l'arrêté
du préfet, la délibération du conseil municipal qui inter-
viennent ultérieurement ont effet du jour de cette acceptation. » La loi du 13 août 1851, art. 11, a accordé le même
droit aux commissions administratives des hospices et hôpitaux. Aucune disposition analogue n'existe en ce qui
concerne les bureaux de bienfaisance. Qu'en conclure ?
sinon que l'acceptation provisoire, faculté éminemment
exceptionnelle, ne doit pas être étendue aux bureaux de
bienfaisance. Telle n'est pas cependant l'opinion de la
Cour suprême. Dans un arrêt du 12 novembre 1866 (Sir.
66, 1, 443) la Cour de cassation raisonne ainsi : L'article
48 de la loi du 18 juillet 1837 donne aux maires le droit
d'accepter les libéralités faites aux communes et aux établissements communaux ; or, les bureaux de bienfaisance
chargés de distribuer à domicile des secours aux indigents constituent des établissements exclusivement com-

munaux ; ils rentrent dès lors expressément comme tels dans les termes de la loi de 1837. D'ailleurs, les considérations qui ont motivé le droit d'acceptation provisoire au profit des communes militent également en faveur des bureaux de bienfaisance, alors surtout que le maire est le président-né de la commission administrative de ces bureaux.

Ce raisonnement n'est pas à l'abri de toute critique. L'argument de texte ne résiste pas à l'examen. L'expression « établissements communaux » employée par l'article 48, ne désigne pas les établissements publics qui ont une existence juridique distincte de celle de la commune, tels que les hospices et les bureaux de bienfaisance : elle s'applique uniquement aux établissements qui dépendent de l'administration municipale, sont dirigés par elle, soutenus de ses deniers, tels que : les crèches, les asiles, les dispensaires. Ces établissements ne sont pas des personnes morales ; d'où, ils ne peuvent acquérir les dons et legs qui leur sont adressés qu'à la condition d'emprunter la personnalité juridique de la commune. Il était donc tout naturel que, pour les libéralités faites à ces établissements, le maire eût le pouvoir de les accepter à titre provisoire, car ces libéralités deviennent des biens communaux ; en réalité, elles sont adressées à la commune même. Au surplus, la lecture complète de l'art. 48 ne laisse aucun doute à cet égard. Le maire, dit ce texte, peut accepter provisoirement en vertu de la délibération du conseil municipal..... le maire n'est donc ici que l'exécuteur

des volontés de ce conseil. S'il était question d'accepter
les libéralités faites à un bureau de bienfaisance ou autre
établissement communal ayant une existence juridique
propre, le maire n'agirait évidemment que comme exécuteur des volontés de cet établissement, en vertu de la délibération de la Commission administrative placée à sa
tête. D'ailleurs, ce qui prouve que l'art. 48 ne s'applique
pas aux bureaux de bienfaisance, c'est qu'il parle de délibérations ; or, le conseil municipal ne délibère pas sur
l'acceptation des dons et legs faits aux bureaux de bienfaisance ; il se borne à donner son avis. L'article 21, 4° de
la loi de 1837 est formel sur ce point. Nous ajouterons enfin
que si la loi de 1837 avait conféré le droit d'acceptation provisoire aux bureaux de bienfaisance, elle aurait également
conféré aux hospices et hôpitaux qui sont des établissements communaux ; le législateur a cependant jugé indispensable d'édicter une disposition spéciale, l'art. 11 de la
loi du 7 août 1851, à l'effet d'attribuer ce droit d'acceptation provisoire aux hospices et hôpitaux. On soutient, il
est vrai, que la loi de 1851 a eu uniquement pour but
d'étendre aux hospices qui sont à la charge du département ou de l'État ce droit d'acceptation provisoire que
les hospices et hôpitaux communaux seuls puisaient dans
la loi de 1837.

Rien, soit dans la loi de 1851, soit dans les discussions
auxquelles elle a donné lieu, n'indique que cette loi ait
une portée aussi restreinte. Tout au contraire, de la place
de l'article 11 et des liens qui l'unissent aux articles pré-

cédents et suivants il résulte que cette disposition a surtout en vue les hospices communaux.

Le doute ne parait pas possible en présence de l'article 547 § 4 du décret du 31 mai 1862, sur la comptabilité, qui ne reconnaît le droit d'acceptation provisoire qu'aux hospices et hôpitaux. Cette restriction est d'autant plus significative que dans le § 3, le même article 547 s'occupe des dons et legs adressés aux bureaux de bienfaisance.

Nous ferons remarquer que la loi du 5 avril 1884 a enlevé à l'argument de la Cour de cassation le peu de valeur qu'il pouvait avoir ; en effet, la loi de 1837 est désormais abrogée et dans l'article 3 correspondant à l'article 48 de la loi de 1837 le nouveau Code municipal ne parle que des dons et legs faits aux communes. Des établissements communaux il n'est plus question. Donc, il n'existe actuellement aucun texte permettant d'étendre aux bureaux de bienfaisance la faculté d'acceptation provisoire.

Quant au second argument invoqué par la Cour suprême, il se réduit à un simple *desideratum*, et sous ce rapport, nous partageons l'avis de cette haute juridiction. Une lacune existe, cette lacune est des plus fâcheuses : elle conduit à une contradiction déplorable ; car dans les communes dépourvues de bureau de bienfaisance, c'est la commune elle-même qui recueille toutes les libéralités adressés aux indigents, et le maire peut les accepter provisoirement ; au contraire, dans les communes dotées d'un bureau de bienfaisance, cette acceptation provisoire est légalement impossible, de telle sorte que la création d'un bureau de bienfaisance peut devenir préjudiciable aux pauvres qu'elle a précisément pour but de défendre. En présence d'un pareil résultat, l'intervention du législateur s'impose ; aussi dans l'espoir que cette lacune sera bientôt comblée législativement, nous devons rechercher quels sont les avantages de l'acceptation provisoire. Cet examen est d'autant moins superflu que la Cour de cassation n'abandonnera certainement pas une jurisprudence qui donne satisfaction aux intérêts les plus respectables.

Les avantages sont différents, suivant qu'il s'agit de donations ou de libéralités testamentaires.

1º *Il s'agit d'une donation.* — D'après l'article 932 § 1 « la donation entre-vifs n'engagera le donateur et ne produira aucun effet que du jour qu'elle aura été acceptée en termes exprès. » Jusque-là la donation ne constitue qu'une simple offre ; le donateur peut la retirer ; son décès ou son incapacité la rend caduque. L'acceptation provisoire soustrait le bureau de bienfaisance à ces chances de perte de la libéralité. Elle permet, en outre, à l'établissement gratifié, de requérir la transcription des donations immobilières et de pouvoir ainsi les opposer aux tiers. Enfin, si la donation est plus tard autorisée, l'acceptation provisoire fait bénéficier l'établissement des fruits et intérêts de la chose donnée à partir du moment où cette acceptation a eu lieu. En effet, l'établissement est propriétaire sous la condition suspensive de l'autorisation, condition qui réagit au jour de l'acceptation provisoire. De ce que l'établissement n'est propriétaire que sous condition, la jurisprudence administrative décidé que le paiement du droit proportionnel de mutation n'est pas exigible tant que l'autorisation n'a pas été donnée.

2° *Il s'agit d'un legs.* — Il faut distinguer entre les legs universels, les legs à titre universel et les legs à titre particulier.

A. *Legs universel.* — Y a-t-il des héritiers réservataires, le légataire universel est, d'après l'article 1004, tenu de demander la délivrance à ces héritiers, et cette demande peut, à notre avis, être introduite dès que l'acceptation provisoire a eu lieu. Cette solution a, il est vrai, été contestée. L'établissement non autorisé, a-t-on dit, ne peut faire que des actes conservatoires, il ne peut donc pas former une demande en délivrance qui constitue au premier chef un acte d'exécution (1).

Que tel soit le caractère de la demande en délivrance, nous ne le méconnaissons pas ; mais que l'acceptation provisoire autorise uniquement les actes conservatoires, c'est ce que les partisans du système que nous réfutons ne démontrent pas, et c'est cependant ce qu'il faudrait démontrer. Or, d'après nous, la faculté d'acceptation provisoire emporte avec elle comme conséquence nécessaire le droit de former au même titre une demande en délivrance. Quelle serait, en effet, l'utilité d'une pareille acceptation, en matière de legs, si le légataire devait, pour former la demande en délivrance, attendre l'expiration

____

1. Demolombe, tome XXI, n° 624.

des délais, parfois très longs, de l'autorisation (1). Dès
qu'il aura obtenu la délivrance, il pourra actionner en
revendication les tiers détenteurs, poursuivre les débiteurs de l'hérédité, en un mot, intenter toutes les actions
quelconques relatives à la chose léguée. Cette demande
en délivrance, si elle est faite dans l'année, donnera au
légataire universel le droit aux fruits et intérêts de la
chose léguée, à partir du jour du décès. Au cas contraire, les fruits ou intérêts ne lui seront dus qu'à dater
du jour de la demande formée en justice ou du jour où
la délivrance lui aura été volontairement consentie (art.
1005).

S'il n'y a pas d'héritier réservataire, le légataire est
saisi de plein droit de l'hérédité et se trouve ainsi dis-
pensé de la demande en délivrance (art. 1006). Il jouit
donc des fruits et intérêts de la chose léguée du jour du
décès du testateur; par conséquent, l'acceptation provisoire ne lui confère aucun avantage. Remarquons, toutefois, que s'il était institué par un testament olographe ou
mystique, il aurait intérêt à user de la faculté d'acceptation provisoire ; car, jusque-là, il ne pourrait pas demander l'envoi en possession requis par l'article 1008. Or, tant
qu'il n'a pas obtenu cet envoi en possession, il est irrecevable à agir, soit contre les héritiers *ab intestat* détenteurs de l'hérédité, soit contre les tiers. Nous pensons
cependant qu'au point de vue des intérêts et des fruits,
l'acceptation provisoire est encore ici sans utilité ; car,

____

1. Aubry et Rau, § 718, note 14.

comme le disent MM. Aubry et Rau (1) : « Dans le cas même où le testament est olographe ou mystique, le légataire universel a droit aux fruits ou intérêts, à partir du décès du testateur et ne serait pas tenu de les restituer s'il s'était mis de son autorité privée en possession de l'hérédité. »

B. *Legs à titre universel.* — Le légataire à titre universel doit, en ce qui concerne la délivrance, être assimilé au légataire universel qui se trouve en concours avec des héritiers réservataires. Sur ce point, pas de difficultés, l'article 1011 est formel. Mais sous le rapport des fruits et intérêts, y a-t-il également assimilation entre le légataire universel et le légataire à titre universel ? La question est vivement controversée. L'examen approfondi de cette controverse étant en dehors du cadre que nous nous sommes tracé, nous nous bornerons à faire connaître notre opinion. A notre avis, le légataire à titre universel doit, au point de vue des fruits et des intérêts, être placé sur la même ligne que le légataire universel.

C. *Legs particulier.* — Le bureau de bienfaisance légataire particulier peut, dès l'acceptation provisoire, former la demande en délivrance et faire ainsi courir le droit aux actions et aux fruits. Mais, à la différence du légataire soit universel, soit à titre universel, qui recueille les fruits, à partir du décès, lorsqu'il a formé sa demande dans l'année, le légataire particulier n'a jamais le droit de prétendre à ces fruits que du jour de la demande, à

1. Aubry et Rau, § 719, note 1.

quelque époque qu'elle soit formée. L'acceptation provisoire procure donc au légataire particulier un avantage moins important que celui qu'en retire le légataire universel ou à titre universel ; néanmoins, cet avantage est encore fort appréciable.

Section V. — *Des emprunts.*

Les règles relatives à ces emprunts sont contenues dans l'article 119 de la loi du 5 avril 1884 : « Les délibérations des commissions administratives des hospices, hôpitaux et autres établissements charitables communaux concernant un emprunt, sont exécutoires en vertu d'un arrêté du préfet, sur avis conforme du conseil municipal, lorsque la somme à emprunter ne dépasse pas le chiffre des revenus ordinaires de l'établissement et que le remboursement doit être effectué dans un délai de douze années.

Si la somme à emprunter dépasse ledit chiffre ou si le délai de remboursement excède douze années, l'emprunt ne peut être autorisé que par un décret du président de la République.

Le décret est rendu en Conseil d'État si l'avis du conseil municipal est contraire ou s'il s'agit d'un établissement ayant plus de 100,000 fr. de revenu.

L'emprunt ne peut être autorisé que par une loi lorsque la somme à emprunter dépasse 500,000 fr. ou lorsque ladite somme réunie aux chiffres d'autres emprunts non encore remboursés dépasse 500,000 fr. »

Quant au mode de réalisation de l'emprunt, on suit les règles adoptées pour les emprunts communaux. Le bureau de bienfaisance traite, soit de gré à gré, soit par voie d'adjudication publique. Le plus souvent, il s'adresse à la Caisse des Dépôts et consignations, qui est autorisée à concéder des prêts à des établissements publics.

SECTION VI. — DES ACTIONS JUDICIAIRES ET TRANSACTIONS.

Pour qu'un bureau de bienfaisance puisse intenter une action ou y défendre, il faut une délibération de la Commission, l'avis du conseil municipal (art. 70 § 5, loi du 5 avril 1884) et une autorisation administrative. Quelques auteurs soutiennent qu'il faut également l'avis du comité consultatif de trois juriconsultes établi près des commissions des hospices. Telle n'est pas notre opinion. L'arrêté du 7 messidor an IX, qui a institué ce comité, ne parle que des hospices ; aucun texte n'en a étendu les dispositions aux bureaux de bienfaisance, c'est donc ajouter à la loi que d'exiger cette dernière condition. (En ce sens : Cass. 10 juillet 1828.)

L'autorisation de plaider, remplace avantageusement le préliminaire de conciliation de l'article 49 du Code de procédure ; elle est donnée par le Conseil de préfecture qui procède dans ce cas, non pas comme tribunal, mais comme conseil administratif. Aussi, le recours contre la décision du Conseil de préfecture est-il porté devant la section de l'intérieur du Conseil d'Etat. (Décret du 21 août 1872, art. 6).

Le Conseil de préfecture saisi d'une demande en autorisation ne peut pas se déclarer incompétent ; il doit formuler une décision. Les arrêtés qui portent refus d'autorisation doivent être motivés ; au contraire, les arrêtés accordant l'autorisation n'ont pas besoin d'indiquer les motifs qui ont déterminé le conseil.

Le Conseil de préfecture est-il obligé de statuer dans un certain délai sur la demande en autorisation des bureaux de bienfaisance ? On l'a prétendu, en argumentant de l'article 121, *in fine*, de la loi du 25 avril 1884, ainsi conçu : « Dans les cas prévus par les deux paragraphes précédents, la décision du Conseil de préfecture doit être rendu dans les deux mois, à compter du jour de la demande en autorisation. A défaut de décision rendu dans ledit délai, la commune est autorisée à plaider. » On a même soutenu qu'il faut étendre aux bureaux de bienfaisance la dernière disposition de l'article 126 de la même loi, d'après laquelle « il doit être statué sur le pourvoi dans le délai de deux mois à partir du jour de son enregistrement au secrétariat général du Conseil d'Etat. » Nous ne partageons pas cette manière de voir : Ces deux dispositions spéciales aux communes et sections de commune sont exceptionnelles, on ne doit donc pas les étendre à des matières autres que celles visées par le législateur. Pour la même raison, nous refuserons d'appliquer aux bureaux de bienfaisance la faculté que l'article 123 de la loi sur l'organisation municipale confère à tout contribuable inscrit au rôle de la commune d'exercer, à ses frais et risques, avec l'autorisation du Conseil de préfecture, les actions qu'il croit appartenir à la commune ou section et que celle-ci, préalablement appelée à en délibérer, a refusé ou négligé d'exercer. Pareillement, l'article 122 § 1, qui permet aux maires d'intenter les actions possessoires sans y être autorisé, est inapplicable aux bureaux de bienfaisance. Qu'il s'agisse d'actions pétitoires ou possessoires, les administrateurs de ces établissements sont toujours obligés de se munir d'une autorisation ; ils n'en sont dispensés que pour les actions rentrant dans le contentieux administratif. Enfin, nous n'étendrons pas aux établissements dont nous nous occupons la règle ainsi formulée par l'article 124 § 1. «Aucune action judiciaire autre que les actions possessoires ne peut, à peine de nullité, être intentée contre une commune qu'autant que le demandeur a préalablement adressé au préfet ou au sous-préfet un mémoire exposant l'objet et les motifs de sa réclamation. Il lui en est donné récépissé. »

La nécessité de l'autorisation a pour sanction la nullité de la procédure ; mais cette nullité est-elle absolue ou relative ? D'après la jurisprudence de la Cour de cassa-

sation (27 mai 1862 ; Sir. 63; 1, 40), elle est absolue.
Elle peut donc être opposée en tout état de cause, en
appel et même pour la première fois, devant la Cour suprême; l'adversaire du bureau de bienfaisance pourra
s'en prévaloir, et le tribunal devra la prononcer d'office.

A qui appartient-il d'ester en justice au nom du bureau
de bienfaisance ? Est-ce au maire ou au receveur ? La
question a pu faire doute par ce motif que le receveur est
chargé de faire toutes les diligences nécessaires pour la
conservation des droits et privilèges de l'établissement.
Nous pensons néanmoins avec la Cour de cassation (Cass.
21 août 1871 ; Sir. 71. 1. 144) que le maire seul a qualité
pour intenter ou soutenir les actions intéressant les bureaux de bienfaisance.

Les acquiescements ou désistements, soit exprès, soit
tacites, que peuvent consentir les bureaux de bienfaisance
pendant le cours d'un procès, nécessitent une nouvelle
autorisation du Conseil de préfecture.

Les transactions ne sont définitives et irrévocables
qu'autant qu'elles sont approuvées par le préfet (Décret
du 25 mars 1852).

Lorsque le bureau a succombé, par quelle voie de droit
la partie gagnante pourra-t-elle ramener son titre à exécution ? Il faut distinguer.

S'agit-il d'une action réelle, le jugement revêtu de la
formule exécutoire produit ses effets normaux : celui qui
a obtenu gain de cause peut prendre possession de l'objet
litigieux, avec l'assistance de la force publique.

S'agit-il d'une action personnelle, le créancier peut-il recourir contre le bureau aux voies d'exécution, telles que saisie-arrêt, saisie immobilière, qui appartiennent de droit commun aux créanciers d'un simple particulier? Nous ne le pensons pas. Le seul moyen pour le créancier d'un bureau de bienfaisance consiste à réclamer l'ordonnancement de la créance, ordonnancement qui exige un crédit régulièrement ouvert au budget de l'établissement. Au cas où la Commission refuserait d'inscrire au budget la somme nécessaire pour désintéresser le créancier, celui-ci s'adresserait à l'autorité supérieure. à laquelle nous reconnaissons le droit d'inscrire la somme d'office ou d'ordonner la vente de tout ou partie des biens du bureau de bienfaisance.

CHAPITRE V

DE LA COMPTABILITÉ ET DU BUDGET DES BUREAUX
DE BIENFAISANCE

La comptabilité des bureaux ne bienfaisance est, en principe, soumise aux mêmes règles que celle des communes. Nous nous bornerons à un rapide aperçu de ces règles, leur étude complète excédant les bornes de notre travail.

Cette comptabilité repose sur le principe fondamental posé par l'ordonnance du 14 septembre 1822, d'après lequel les fonctions d'ordonnateur sont incompatibles avec celles de comptable.

L'ordonnateur est un des administrateurs nommé par la commission ; il est chargé d'ordonnancer toutes les dépenses, qui ne peuvent être payées que sur un mandat signé par lui.

Le receveur, qui est tantôt un receveur spécial, tantôt le receveur de la commune, ainsi que nous l'avons déjà indiqué, est chargé de recouvrer toutes les recettes et de payer toutes les dépenses. Le paiement n'est effectué que sur un mandat de l'ordonnateur et à condition qu'il y ait au budget un crédit ouvert pour la dépense. Le receveur se fait délivrer des reçus avec factures à l'appui, de même qu'il donne quittance de toutes les sommes versées à sa caisse. Il est pécuniairement responsable de tout paiement irrégulier.

Le budget est préparé par l'ordonnateur. Il est délibéré par la Commission administrative, au mois d'avril. Dans sa session de mai, le conseil municipal l'examine et donne son avis. Il est ensuite approuvé par le sous-préfet (Décret de 1861). D'après l'article 15 de la loi du 24 juillet 1867, c'était le chef de l'État qui approuvait les budgets des établissements de bienfaisance ayant au moins trois millions de revenu. Cette disposition n'a été maintenue par l'article 145 de la nouvelle loi municipale que pour les communes. Elle est donc abrogée pour les établissements de bienfaisance. D'où, les budgets de tous ces établissements, quelle que soit leur importance, sont actuellement approuvés par le sous-préfet. La question présente d'ailleurs fort peu d'intérêt, car les bureaux de bienfaisance de la ville de Paris sont les seuls dont les revenus atteignent le chiffre de 3 millions. De tous les autres bureaux de bienfaisance, les plus riches, ceux de Lyon ont un revenu d'environ 2,500,000 fr. Si le budget n'est pas approuvé avant le commencement de l'exercice, les dépenses et recettes sont opérées jusqu'à l'approbation, conformément au budget précédent.

Le budget comprend deux titres : l'un, relatif aux recettes, l'autre, aux dépenses. Les recettes sont réparties en recettes ordinaires et recettes extraordinaires.

Les recettes ordinaires, qui forment le chapitre Ier, sont :

1° Le prix des baux et fermages des biens appartenant au bureau ;

2° Le produit des coupes ordinaires dans ses bois ;

3° Les arrérages des rentes sur l'Etat qu'il possède ;

4° Les arrérages des rentes qu'il a sur les particuliers ;

5° Les intérêts des fonds qui lui appartiennent et qu sont placés en compte courant au Trésor ;

6° La part qui lui est attribuée dans le tiers du produit des concessions dans les cimetières revenant aux établissements de bienfaisance ;

7° Le produit des aumônes, des quêtes, des troncs et des loteries de bienfaisance autorisées ;

8° La part qui lui est attribuée dans le droit sur les spectacles, bals et concerts, connue sous le nom de droit des pauvres ;

9° Les subventions de la commune ;

10° Les dons en nature, tels que : hardes, denrées alimentaires, combustibles, médicaments, etc., qui sont portés pour mémoire dans les budgets.

Le chapitre II comprend les recettes extraordinaires, à savoir :

1° Les dons et legs faits au bureau de bienfaisance ;

2° Le produit des coupes extraordinaires dans ses bois ;

3° Les emprunts qu'il contracte ;

4° Les capitaux des créances qui lui sont remboursées ;

5° Le produit des aliénations d'immeubles ou de rentes sur l'Etat.

Le titre II, relatif aux dépenses, se divise également en deux chapitres, affectés, le premier, aux dépenses ordinaires, le second, aux dépenses extraordinaires.

Les dépenses ordinaires se rattachent aux frais d'administration, aux dépenses de secours de toute nature et aux frais de gestion des biens.

Au chapitre des dépenses extraordinaires figurent les acquisitions d'immeubles, les droits de mutation et d'enregistrement pour les libéralités adressées aux bureaux de bienfaisance, les frais des procès soutenus par les bureaux, les honoraires des avocats et des officiers ministériels, les remboursements d'emprunts, etc.

Le budget doit être exécuté pendant la durée de l'exercice. L'exercice commence le 1er janvier et finit le 31 mars de l'année suivante. Il se divise en trois périodes : la première, du 1er janvier au 31 décembre, comprend toute dépense et toute recette pour laquelle il y a droit acquis durant cet intervalle. Pendant la deuxième période, du 1er janvier au 15 mars de l'année suivante, la dispense doit être liquidée et mandatée. Enfin, dans la troisième période, du 15 au 31 mars, la dépense doit être payée. A partir du 31 mars, les crédits demeurés sans emploi sont annulés et les restes à recouvrer et à payer sont répartis de droit et sous un titre spécial au budget de l'exercice pendant lequel la clôture a eu lieu.

Il arrive souvent qu'une dépense n'a pas été prévue ou qu'elle n'a pas été pourvue d'un crédit suffisant ; et cependant elle est indispensable. Pour y faire face, on pourrait avoir recours à un virement, mais les virements sont condamnés par les règles de la comptabilité publique. Aussi, dans le cours de l'exécution du budget, ouvre-t-on un crédit spécial. L'ouverture de ces crédits spéciaux forme le budget supplémentaire dit « Chapitres additionnels. »

Une fois l'exercice clos, le receveur et l'ordonnateur doivent préparer leurs comptes. Le receveur présente ses comptes de gestion. Il dresse deux états : l'un, comprenant toutes les opérations en recettes et en dépenses faites du 1er janvier au 31 décembre de l'année qui donne son millésime à l'exercice ; le second, comprenant les opérations en dépenses et en recettes, du 1er janvier au 31 mars de l'année suivante complétant le même exercice. Il joint à ces états toutes les pièces justificatives exigées par l'instruction générale des finances.

L'ordonnateur prépare le compte d'administration. Il indique en recette : 1º les évaluations budgétaires ; 2º la fixation des sommes à percevoir d'après les titres justificatifs ; 3º les sommes recouvrées jusqu'au 31 mars ; 4º les sommes à recouvrer. Il indique en dépenses : 1º le chiffre des crédits ; 2º le montant des dépenses ; 3º les dépenses payées ; 4º les restes à payer.

Ces deux comptes sont approuvées par la Commission administrative, puis soumis avec le budget primitif et le budget supplémentaire au conseil municipal qui donne son avis (art. 70 § 5, loi de 1884). Ils sont ensuite arrêtés par le sous-préfet. (Décret de 1861, art. 6, n° 14). Il ne reste plus qu'à les apurer. La juridiction compétente pour cette apuration est tantôt le Conseil de préfecture tantôt la Cour des Comptes : Le Conseil de préfecture, sauf appel à la Cour des Comptes, lorsque le revenu du bureau de bienfaisance est inférieur à 30,000 francs. Au-dessus de ce chiffre, la Cour des Comptes doit être directement saisie ; elle statue en premier et dernier ressort.

CHAPITRE VI

DE LA DISTRIBUTION DES SECOURS

Pour avoir droit au secours d'un bureau de bienfaisance deux conditions sont nécessaires : Il faut 1° être indigent ; 2° avoir son domicile de secours dans la commune ou fonctionne ce bureau. Examinons successivement ces deux conditions :

1° Il faut être indigent. —Le bureau doit tout d'abord vérifier l'état d'indigence de celui qui fait appel à la charité publique, car s'il importe de secourir le véritable malheureux, il importe aussi et surtout de pas favoriser la paresse, la débauche, et les autres vices qui entraînent fatalement la misère après eux. Pour constater l'indigence, le bureau fait une enquête. Il y est procédé par les commissaires adjoints et les dames de charité qui se rendent au domicile des pauvres. Le bureau se renseigne aussi auprès de l'administration municipale : il s'enquiert des causes de la misère qu'il a à secourir, car la nature des secours doit varier avec les causes de l'indigence.

Chaque bureau dresse une double liste des pauvres qu'il assiste. La première liste comprend les indigents secourus d'une façon permanente, tels que les vieillards,

les orphelins, les infirmes incapables de subvenir aux
nécessités de l'existence. Sur la seconde liste figurent les
malheureux qui, par suite de circonstances exceptionnelles telles que chômage ou maladie, sont dans un état
d'indigence temporaire ou accidentelle. Ces deux listes
fournissent le moyen de maintenir l'équilibre entre les
distributions et les ressources, de diminuer ou d'augmenter, suivant les cas, le nombre des personnes admises et
la somme de secours à allouer à chacune d'elles ;

2° Pour participer aux distributions des bureaux, il ne
suffit pas d'être indigent : il faut encore avoir son domicile de secours dans la commune ou fonctionne le bureau
dont on sollicite l'assistance. La nécessité de cette seconde condition, déjà reconnue en l'an II, se fait chaque
jour plus vivement sentir par suite du courant sans cesse
grandissant des populations rurales vers les villes. La
plupart des émigrants qui affluent dans les grands cen-
tres y sont attirés par de nombreuses perspectives dans
l'examen desquelles nous n'avons pas à entrer ; mais nous
pouvons affirmer, sans crainte d'être démenti, que de toutes ces perspectives, l'espérance de participer, le cas
échéant, aux secours que distribuent les établissements
charitables, n'est pas la moins séduisante. Il y a là une
situation des plus inquiétantes, soit au point de vue agri-
cole, soit au point de vue social. Le seul moyen d'y apporter sinon un remède souverain, du moins un palliatif
efficace, consiste à se montrer très rigoureux quant à l'observation de cette condition,

D'après la loi du 24 vendémiaire an II qui, en l'absence de texte plus récent, est encore en vigueur, le domicile de secours peut s'acquérir de trois manières ; par la naissance, par un séjour d'une certaine durée, dans certains cas exceptionnels, par le seul fait de la résidence.

A. *Du domicile placé au lieu de la naissance.* — Tel est le domicile naturel que l'on conserve tant qu'on n'en a pas acquis un autre. Mais que faut-il entendre par lieu de naissance ? est-ce nécessairement le lieu ou l'indigent est né ? Evidemment non : la naissance purement accidentelle dans une commune ne peut pas devenir une charge pour cette commune. Aussi l'article 3 du titre V de la loi de l'an II dit-il avec beaucoup de raison « le lieu de naissance pour les enfants est le domicile habituel de la mère, au moment où ils sont nés ».

L'expression « domicile habituel » employée par ce texte a soulevé des difficultés. Faut-il entendre par là le domicile civil des articles 102 et 103 du Code civil, qui s'établit « par le fait d'une habitation réelle dans un lieu, joint à l'intention d'y fixer d'une manière complète et permanente le siège de ses affaires » (1). Nous ne le pensons pas ; il n'y a pas la moindre corrélation entre le domicile civil et le domicile charitable. L'article 3 a-t-il voulu parler du domicile de secours de la mère ? Nous ne le pensons pas non plus. Par *domicile habituel* la loi vise le lieu où la mère réside habituellement à l'époque de l'ac-

1. Aubry et Rau, § 144, notes 1 à 3.

couchement, alors même que ce lieu ne serait pas celui de son domicile de secours.

Ce domicile ainsi déterminé est conservé à l'enfant jusqu'à sa majorité, quoiqu'il n'ait jamais résidé là où il a ce domicile. En effet, obligé de suivre ses parents partout où il leur plaît d'aller, il doit être protégé contre les hasards de leur vie aventureuse ; c'est pourquoi, il faut lui assurer la possession de son domicile de secours originaire. Ce domicile, il le conserve même après sa majorité, s'il n'en a pas acquis un autre par des faits à lui personnels. Mais l'acquisition d'un nouveau domicile entraîne la perte du premier, car « nul ne pourra exercer en même temps, dans deux communes, le droit du domicile de secours » (art. 11, loi du 24 vendémiaire, an II).

B. *Du domicile acquis par le séjour.* D'après l'article 4 « il faut un séjour d'un an dans une commune », et l'article 5 ajoute, « le séjour ne comptera pour l'avenir que du jour de l'inscription au greffe de la municipalité ». La formalité de l'article 5 n'est plus exigée, les régistres prescrits par cette disposition étant tombés en désuétude. Le séjour s'établira par toutes les preuves possibles, même par simple notoriété. Mais comment calculer cette année de séjour ? est-il nécessaire que la résidence ait été continuée pendant ce laps de temps sans aucune interruption ? Sans doute la résidence doit présenter un certain caractère de stabilité ; toutefois, il ne paraît pas indispensable que l'indigent compte 365 jours de résidence effective dans la commune. Il y a là une question de fait laissée à l'appréciation de l'administration.

Au surplus, la résidence d'une année n'est de nature à faire acquérir le domicile de secours que lorsque cette résidence a été choisie librement. Ainsi, il a été décidé qu'un condamné, par son séjour en prison (1), qu'un militaire, par son séjour dans une ville de garnison (2), ne peuvent pas acquérir le domicile de secours, car ces résidences leur sont imposées.

Quid des fonctionnaires civils ? Nous pensons qu'ils acquièrent le domicile de secours au lieu où ils exercent leurs fonctions. Assurément, ils n'ont pas la liberté de choisir leur résidence, néanmoins, il est permis de soutenir que leur présence dans ce lieu est volontaire, puisqu'elle est la conséquence d'une fonction volontairement acceptée.

Ajoutons que ce domicile de secours est essentiellement personnel. Le mari ne le transmet pas à sa femme, ni le père à ses enfants.

Quid de l'étranger ? Peut-il acquérir un domicile de secours par la résidence d'une année dans une commune de France ? La négative est généralement admise, « l'étranger, dit Durieu, malgré sa résidence, ne fait jamais partie de la famille communale. S'il est secouru dans l'hospice ou dans l'hôpital de la localité (et il faut dire qu'il en est généralement ainsi), c'est le résultat de l'esprit charitable et hospitalier qui anime les populations. » Nous ne saurions nous rallier à cette opinion. Nous pensons que

1. Lettre du ministre de l'Intérieur, du 9 mars 1842.
2. Conseil d'État, 6 avril 1854.

l'étranger peut, même sans l'autorisation du gouvernement, acquérir en France un véritable domicile civil; dès lors, nous ne voyons pas pour quel motif on lui refuserait un pareil droit quant au domicile de secours. D'ailleurs, même en admettant que l'autorisation du gouvernement soit indispensable pour que l'étranger puisse acquérir le domicile des articles 102 et 103 du Code civil, il ne s'ensuit pas nécessairement que l'étranger n'ait jamais droit à un domicile de secours. Quelles sont, en effet, les conditions requises pour l'acquisition de ce domicile? Il suffit d'une simple résidence volontaire, prolongée pendant un certain temps; or, ces conditions peuvent être remplies par l'étranger aussi bien que par le Français. Notre solution est seule en harmonie avec les idées de justice, d'utilité et d'humanité qui triomphent de nos jours. Comme on l'a fort bien dit, « l'étranger qui vient dans notre pays apporter son travail et gagner loyalement sa vie ne saurait être exclu des secours publics, s'il tombe dans une infortune temporaire.

Outre que l'humanité protesterait, l'équité la plus élémentaire serait froissée au vif. Tant qu'il vit au milieu de nous, l'étranger est soumis aux contributions publiques; sil et imposé à la contribution mobilière comme le national; il est patenté, s'il exerce une profession; comme consommateur, il participe à tous nos impôts indirects établis par l'État et par les localités. On ne remarque pas assez combien peut être forte, de ce chef, sa participation aux choses publiques. Dès lors, n'est-il pas juste qu'en échange on lui vienne en aide, qu'on l'admette à l'hôpital, s'il tombe malade, que le bureau de bienfaisance lui accorde des secours temporaires, s'il est dans le besoin (1)? »

Aux termes de l'article 13 de la loi de vendémiaire : « Ceux qui se marient dans une commune et qui l'habitent pendant six mois acquièrent le droit de domicile de secours. « Devant le Conseil d'État, le 8 août 1882, le ministre de l'Intérieur soutenait que cette disposition ne devait plus recevoir d'application. Tel n'est pas notre avis. La loi de vendémiaire n'a été abrogée par aucune loi postérieure. Ses dispositions sont donc encore en vigueur, et notamment l'article 13, qui, d'ailleurs, n'est pas en opposition avec notre organisation administrative actuelle. Au surplus, les considérations qui ont fait édicter l'article 13 ont aujourd'hui autant de valeur qu'en l'an II. « Les citoyens que vous devez favoriser dans le droit d'acquérir le domicile de secours, disait le député Bô, à la Convention, sont ceux qui, obéissant au vœu de la nature, s'unissant par des liens civils, perpétuent l'état stationnaire de la population ; ils apportent avec leur ménage, une consommation double, et de plus grands moyens de travail. »

C. *Du domicile acquis par le seul fait de la résidence.* — La loi a apporté deux exceptions à la règle d'après laquelle l'indigent doit justifier d'un séjour dans la commune prolongé pendant un certain temps. Aux termes de l'article 15, « tout soldat qui aura combattu un temps

1. Ravarin, *De l'assistance communale,* page 351.

quelconque pour la liberté, avec des certificats honora-
bles, jouira de suite du droit de domicile de secours dans
le lieu où il voudra se fixer. » Et d'après l'article 18, « tout
malade, domicilié de droit ou non, qui sera sans ressources, sera secouru ou à son domicile de fait ou dans l'hospice le plus voisin. » Il est superflu de faire ressortir les
raisons qui justifient ces deux exceptions.

Les secours destinés aux pauvres doivent leur être distribués sans distinction de culte ni de catégorie.

Ils doivent autant que possible être fournis en nature.
Ce mode d'emploi permet d'abord aux bureaux d'assister
un plus grand nombre de malheureux, et il présente surtout cet avantage de donner à l'administration charitable
la certitude que ces secours ne seront pas détournés de
leur but et ne serviront pas à encourager les défauts et
les vices. Distribution de vêtements, d'aliments, de combustibles, de médicaments, telles sont les principales
formes que revêtent les secours en nature, sans parler des
secours spéciaux appropriés à tel ou tel genre d'infortune.

Dans les temps de disette et de chômage, les bureaux
de bienfaisance créent fréquemment des fourneaux économiques et des ateliers de charité. Nous ne saurions
trop applaudir à la création des fourneaux économiques.
Quant aux ateliers de charité, ils ont leur bon et leur mauvais côté. Ils permettent, sans doute, d'utiliser les forces
de l'ouvrier et de lui donner pendant les moments de crise
un salaire au lieu d'une aumône. Mais ils tendent à fa-

voriser sa nonchalance et son incurie, et à lui faire oublier que tout homme doit vivre par ses propres efforts. Pour éviter ces dangers, il importe que les ateliers de charité ne soient pas permanents ; ils ne doivent fonctionner que quand la nécessité s'en fait impérieusement sentir.

Mais les bureaux peuvent-ils, lorsque leurs ressources le leur permettent, en consacrer une partie, soit à la construction d'un hospice, soit à la fondation de lits dans un hospice déjà existant? D'une façon plus générale, leur est-il permis de franchir le cercle de leurs attributions et d'accomplir une mission autre que celle qui leur est spécialement dévolue par la loi ? La question a reçu des solutions différentes suivant les époques ; car elle est liée à la question plus générale de savoir quel est le rôle que doivent jouer dans l'État les établissements religieux. Les développements que nous avons donnés à propos des dons et legs, font pressentir notre opinion sur ce point. Nous pensons, avec la jurisprudence, que les bureaux de bienfaisance appelés à remplir une fonction publique, le secours à domicile, doivent se consacrer exclusivement à cette fonction. L'acte de reconnaissance ne leur confère la personnalité civile que pour un certain objet parfaitement délimité. Au-delà de cet objet, ils ne sont rien. Les autoriser à excéder les bornes de leurs attributions, serait méconnaître le grand principe déjà plusieurs fois rappelé d'après lequel les établissements publics ou d'utilité publique, quels qu'ils soient, n'ont une existence légale qu'à raison du but qui leur est assigné.

CHAPITRE VII

Le chef de l'Etat auquel nous avons reconnu le droit
de créer des bureaux de bienfaisance peut également les
supprimer lorsque la nécessité le commande. Or, il peut
y avoir utilité à supprimer des établissements de cette
nature, quand ils ne disposent plus de ressources suffisantes pour assister les pauvres ou bien lorsqu'ils ne
remplissent plus le but pour lequel ils ont été constitués.
Leur suppression sera faite dans les formes exigées pour
leur création.

Quelles sont les conséquences de la disparition d'un bureau de bienfaisance ? Que deviennent les biens meubles
et immeubles qu'il possédait ?—Ces biens étant vacants et
sans maître appartiennent à l'Etat (art. 713, Code civ.).
Ne faut-il pas cependant faire une réserve pour ceux que
le bureau de bienfaisance avait acquis à titre gratuit ?

En cas d'extinction d'une congrégation religieuse de femmes, ou d'un établissement d'enseignement supérieur reconnu, l'article 7 de la loi du 24 mai 1825 et l'article 12 de
la loi du 12 juillet 1875 ont organisé un droit de retour
légal au profit des donateurs et des successeurs des dona-

teurs. Y a-t-il lieu d'étendre ses dispositions aux autres établissements publics et d'utilité publique et notamment aux bureaux de bienfaisance? Nous ne le pensons pas. Ces deux textes sont exceptionnels et, à ce titre, doivent être restreints aux hypothèses particulières qu'ils visent. Il n'y a donc pas à distinguer entre les acquisitions à titre onéreux et les acquisitions à titre gratuit faites par les bureaux de bienfaisance. Lors de la disparition de ces établissements, tous leurs biens reviennent à l'Etat. Il serait cependant plus équitable que ces biens fussent dévolus à la commune, car c'est à elle qu'incombe la charge de l'assistance communale ; la suppression de l'établissement ne réduit pas le nombre des indigents, la commune devra donc s'imposer de nouveaux sacrifices pour leur venir en aide. Aussi, en fait, l'État se considère-t-il comme obligé moralement à remettre à la commune les biens de l'Établissement de bienfaisance supprimé.

Ajoutons que l'État ne saurait prétendre aucun droit sur les bâtiments affectés par une commune au service de l'assistance ; ces immeubles sont, en effet, restés dans le domaine public communal ; d'où, lorsque leur destination vient à cesser, par suite de la suppression de l'établissement, la commune ne fait que reprendre la possession d'un bien dont elle était toujours restée propriétaire.

Il est une dernière question que nous devons examiner, c'est celle de savoir quelle est l'influence exercée sur le patrimoine des bureaux de bienfaisance par les modifications apportées au territoire de la commune. Au premier abord, la question paraît oiseuse : il semble, que le bureau de bienfaisance doit continuer comme par le passé, à exercer son action sur la même étendue territoriale. Telle n'a pourtant pas été la pratique adoptée. Cette pratique est consacrée par la circulaire du 15 mai 1884 dont nous extrayons le passage suivant : « Quoique les biens des indigents, administrés soit par un bureau de bienfaisance, soit, à défaut d'établissement spécial, par la municipalité, ne constituent pas, à proprement parler, des biens communaux, et que, par suite, l'article 7 de la loi du 5 avril ne leur soit pas directement applicable, il y a lieu de maintenir la jurisprudence antérieure d'après laquelle on étendait, par analogie et à défaut de dispositions spéciales, aux biens des pauvres, les règles posées par la loi du 18 juillet 1837, pour les partages résultant des modifications apportées dans la circonscription des communes. Il conviendra donc de faire instruire, en même temps que les projets de modifications territoriales, les conditions concernant le patrimoine charitable. Les Commissions administratives des bureaux de bienfaisance, quand il en existera, seront appelées à délibérer, et, dans ce cas, les conseils municipaux n'auront qu'un avis à émettre. Dans l'hypothèse contraire, il appartiendra aux conseils municipaux et aux commissions syndicales de délibérer sur cette question comme sur les autres. Lorsqu'il s'agira d'ériger une section en commune distincte, et que le chiffre de sa population, ainsi que l'importance qui reviendra à ses pauvres dans la dotation charitable, permettra la création d'un bureau de bienfaisance, vous devrez en proposer la constitution. Je vous rappelle qu'en principe, les biens des pauvres doivent être partagés au prorata de la population des circonscriptions intéressées, conformément à la règle posée par la loi du 10 juin 1793. »

APPENDICE

DES BUREAUX DE BIENFAISANCE A PARIS

A Paris, l'assistance publique est organisée d'une manière toute particulière. Par suite du nombre considérable d'indigents que renferme la capitale, il a paru nécessaire de réunir dans les mêmes mains les diverses administrations éparses des hospices, hôpitaux et bureaux de bienfaisance.

Cette centralisation est l'œuvre de la loi du 10 janvier 1849 qui a créé l'administration générale de l'assistance publique de la ville de Paris. En vertu de cette loi, toujours en vigueur, l'assistance publique a à sa tête un directeur général responsable qui est le chef de tous les services de secours publics. Ce directeur est sous l'autorité du préfet de la Seine et du ministre de l'Intérieur. A ses côtés est placé un conseil de surveillance dont la composition est réglée par l'arrêté du 20 avril 1849.

La loi de 1849 s'est bornée à tracer les grandes lignes de l'asssistance publique, laissant à des règlements d'administration publique le soin d'en organiser le fonctionnement.

Relativement aux bureaux de bienfaisance, le décret

d'organisation annoncé par l'article 8 de la loi de 1849
n'a été rendu que le 12 août 1886. Nous n'avons pas l'intention d'étudier dans tous leurs détails les nombreuses
dispositions de ce décret; nous nous contenterons d'en
présenter un exposé succinct.

Aux termes de son article 1er, « dans chacun des arron-
dissements de la ville de Paris, un bureau de bienfaisance
est chargé du service des secours à domicile. » Ces divers
bureaux ne sont que des circonscriptions administratives
du service général des secours à domicile à Paris ; ce sont
des organes intermédiaires destinés à assurer le fonctionnement total de ce service et la distribution des secours.
Mais s'ensuit-il qu'ils soient dépourvus de toute personnalité civile? Nous ne le pensons pas. Ils ont, en effet,
le droit de faire des collectes, des quêtes, d'établir des
troncs, d'organiser des fêtes de bienfaisance (art. 70), le
droit de dresser leur budget (art. 65). Or, ces divers
actes supposent une certaine personnalité, incomplète,
il est vrai, mais indéniable. Les bureaux de bienfaisance
sont donc tout à la fois autonomes et dépendants d'un
service centralisé; c'est là, il faut le reconnaître, une
véritable anomalie administrative. En leur attribuant ce
double caractère on a cherché à répondre à deux besoins
impérieux ; il est dans les habitudes de la charité privée
de secourir de préférence les misères les plus proches;
aussi, dans l'impossibilité de modifier ces habitudes, fallait-il, sous peine de diminuer les dons des personnes charitables de chaque arrondissement, conférer aux divers

bureaux de bienfaisance une certaine personnalité qui leur permît de bénéficier des libéralités faites à leur intention propre.

D'autre part, il a paru nécessaire de les rattacher à une direction unique, dans l'intérêt même de la bonne administration du patrimoine des pauvres.

De l'organisation des bureaux de bienfaisance. — Comme les bureaux de bienfaisance des autres communes ; ceux de la ville de Paris comprennent une Commission administrative et un personnel auxiliaire.

La Commission administrative se compose :

1° Du maire de l'arrondissement, président de droit ;

2° Des adjoints, membres de droit ;

3° D'administrateurs, dont le nombre variant entre douze et dix-huit, est fixé par arrêté préfectoral ; ils sont nommés par le préfet de la Seine, sur la proposition du directeur de l'assistance publique et choisis sur une liste triple de candidats présentés par le maire de l'arrondissement ;

4° D'un secrétaire-trésorier, qui a voix consultative dans les séances du bureau et qui est nommé par le préfet.

La Commission administrative désigne chaque année, parmi ses membres et par la voie du scrutin, un vice-président, un administrateur-secrétaire pour suivre l'exécution des décisions du bureau, un ordonnateur chargé de surveiller la comptabilité et de signer les mandats de paiement ; enfin, un délégué près l'administration de l'assistance publique.

Le personnel auxiliaire comprend :

1° Des commissaires et des dames de bienfaisance nommés par la commission administrative, au scrutin et à la majorité des voix ;

2° Des docteurs en médecine nommés au concours ;

3° Des sages-femmes de 1re classe nommées par le préfet de la Seine, sur la proposition des commissions administratives ;

4° Des employés, agents et auxiliaires, nommés aussi par le préfet.

Des ressources des bureaux de bienfaisance. — Ces ressources se divisent en deux classes : 1° Les ressources propres à chaque bureau ; 2° les ressources générales.

Les premières comprennent le produit des quêtes, collectes, troncs et aumônes, des fêtes de bienfaisance, les recettes diverses, telles que les intérêts des sommes placées, les dons ou legs adressés spécialement aux pauvres d'un arrondissement expressément désigné.

Les ressources générales comprennent les sommes que l'administration de l'assistance publique verse aux bureaux de bienfaisance, à titre de subvention, sur les fonds généraux affectés au service des secours à domicile.

Des dépenses des bureaux de bienfaisance. — Elles sont de deux sortes : les unes fixes, les autres variables.

Les premières se réfèrent aux traitements d'employés, frais de bureaux, loyers, éclairage, chauffage, etc.

Les dépenses variables correspondent aux distributions de secours.

Les secours sont ou temporaires ou annuels.

Peuvent recevoir des secours temporaires, les personnnes qui se trouvent dans des cas d'indigence momentanée, en particulier, par suite de blessures, de maladies, de couches.

Les secours annuels sont réservés par le décret de 1886 aux trois catégories de personnes suivantes : 1° Aux personnes atteintes d'infirmités ou de maladies chroniques ; 2° aux vieillards âgés de 64 ans révolus ; aux orphelins âgés de moins de 13 ans. Encore faut-il que ces personnes aient leur domicile de secours à Paris et qu'elles soient Françaises.

Les secours que distribuent les bureaux de bienfaisance sont : 1° Des secours en nature, qui consistent dans la délivrance de bons nominatifs ou au porteur ; 2° des secours en argent ; 3° l'assistance médicale donnée dans des salles de consultations spéciales, à des jours et heures déterminés, ou bien au domicile même des malades.

Telle est, en quelques mots, la substance du décret de 1886. De cet exposé rapide, il résulte que les bureaux de bienfaisance de la ville de Paris, quoique reliés à l'administration centrale de l'assistance publique, ne sont pas absorbés par elle, et qu'ils jouissent d'une somme de liberté suffisante pour remplir convenablement leur mission.

Nous sommes arrivé au terme de notre travail et il ne
nous reste plus qu'à en tirer une conclusion. Conclure, en
pareille matière, c'est indiquer ce que l'organisation des
bureaux de bienfaisance, telle que nous l'avons exposée,
présente de bien, de défectueux, d'insuffisant, et ce qu'il
y aurait à faire pour perfectionner le bien, corriger les
défectuosités, combler les lacunes. Ces améliorations, on
ne saurait les emprunter aux législations étrangères, qui
partent presque toutes d'un point de vue différent de celui auquel s'est placée la nôtre. En France, la législation
charitable est dominée par ce principe que l'assistance
ne peut jamais être réclamée comme un droit par l'indigent; la société a seulement le devoir *moral* de ne laisser
aucune souffrance sans soulagement. Au contraire, la
plupart des autres nations (1) admettent le système de la
charité légale, système d'après lequel l'État est lié envers
les indigents par une obligation rigoureuse et civile, de
telle sorte qu'il acquitte envers eux une dette plutôt qu'il
ne leur distribue des secours. Ce système consacre la violation de la liberté individuelle et du droit de propriété;
il conduit fatalement au communisme, ce qui est sa condamnation théorique. Il donne lieu, en pratique, aux

1. Angleterre, Norwège, Suède, Danemark, Livonie, Hollande, Belgi-
que, toute l'Allemagne, quelques cantons de la Suisse, États-Unis.

abus les plus graves et entraîne des résultats déplorables.
Son application n'a pas peu contribué, notamment en
Angleterre, à alimenter le paupérisme, cette plaie qui,
semblable à un cancer dévorant, s'agrandit et s'aggrave
de jour en jour, menaçant de bouleversements terribles
les constitutions les plus fortes. Il ne faut donc pas son-
ger à faire des emprunts aux législations étrangères.

S'ensuit-il que nos institutions d'assistance soient par-
faites? On ne saurait le prétendre. S'il est un sujet où la
nécessité du progrès se fasse sentir, c'est assurément celui-là. Relativement aux bureaux de bienfaisance, les
seuls organes de l'assistance que nous ayons à envisager,
voici les quelques desiderata que nous nous permettrons
de proposer.

Nous désirerions tout d'abord voir augmenter le nombre de ces établissements. Là où il manque une institution pour diriger la main qui donne, et centraliser le
produit des libéralités, le soulagement est long à venir.
Beaucoup de personnes hésitent, dans la crainte que
leurs offrandes n'atteignent pas leur véritable destination : la charité, comme toutes les vertus, a besoin de
confiance et de stimulant. En outre, certaines taxes dont
les bureaux de bienfaisance ont le prélèvement exclusif
ne sont pas recouvrées ; d'où, perte d'un élément de recette, au grand détriment des indigents.

Mais ce n'est pas là la principale critique que nous
ayons à formuler. Il est profondément regrettable que les
bureaux de bienfaisance soient encore régis par l'Ordon-

nance du 31 octobre 1821. A l'époque où cette Ordonnance fut rendue, on était au paroxysme de la centralisation administrative ; les conseils locaux ne possédaient aucun droit de décision, leur intervention se résolvait en un simple droit d'avis dont le Gouvernement tenait tel compte qu'il voulait. Depuis lors, les idées ont changé, et il est indispensable que, sur le point qui nous occupe, la législation soit mise en harmonie avec les nouveaux principes de décentralisation qui ont définitivement triomphé. Poussée à l'excès, la tutelle atténue la responsabilité du corps qui y est soumis et étouffe le zèle et le désir de bien faire. Est-ce à dire qu'il faille, comme l'ont proposé quelques réformateurs, accorder aux bureaux de bienfaisance une pleine et entière indépendance et les affranchir complètement de tout contrôle du pouvoir central ? Nous ne saurions aller jusque-là ; il ne faut rien exagérer. S'il est juste de leur conférer une certaine autonomie et l'administration et la gestion de toutes les affaires où l'intérêt de l'État n'est pas en jeu, il n'est pas moins nécessaire de réserver à l'autorité supérieure un droit de surveillance qui lui permette de réprimer les excès de pouvoir, de faire respecter les lois, d'arrêter les abus et d'empêcher les prodigalités. « Le vrai rôle de l'administration supérieure en cette matière, ce n'est pas d'intervenir dans chaque acte particulier pour l'homologuer ou pour l'annuler ; c'est de surveiller l'ensemble, c'est de demander des comptes exacts, c'est de se réser-

ver la décision dans quelques cas particuliers seulement
et d'une sérieuse et exceptionnelle importance (1). »

Quels résultats attendre de ces diverses réformes? Il
n'est sans doute pas permis d'espérer la suppression de
l'indigence ; il y a eu et il y aura toujours des pauvres.
Conséquence de l'inégalité des conditions, la pauvreté est
aussi ancienne que l'humanité ; elle est une loi de notre
nature, et ce serait folie que de prétendre l'abolir. Mais
on peut du moins en atténuer les effets. Là doivent se
concentrer tous les efforts. Des progrès sérieux ont été
réalisés ; il suffit, pour s'en convaincre, de comparer la misère d'aujourd'hui à la misère d'autrefois. Certes, il reste
encore beaucoup à faire ; néanmoins on ne doit pas déses-
pérer de l'avenir. Sans rêver l'âge d'or, on peut prévoir
le jour où le paupérisme ne sera plus à l'état de crise ai-
guë ; ce jour-là, le principal danger qui menace la société
aura disparu ; sa stabilité sera assurée.

1. Leroy-Beaulieu, *De l'administration locale en France et en Angleterre,*
page 246.

POSITIONS

Droit romain.

I. La loi junia Norbana date de l'an 671 de Rome.

II. La *querela inofficiosi testamenti* n'est pas une vraie pétition d'hérédité.

III. La règle *dies interpellat pro homine* n'était pas admise en droit romain.

IV. L'obligation *in duriorem causam* du fidejusseur, est nulle pour le tout et non pas seulement réductible au montant de la dette principale.

Droit français.

I. Un aveugle peut valablement tester en la forme olographe.

II. Dans tous les cas, un médecin est en droit de refuser un certificat constatant le genre de mal auquel celui qu'il a soigné a succombé.

III. La femme divorcée ne peut jamais continuer à porter le nom de son mari.

IV. Le choix de la sépulture du mari décédé appartient à sa veuve, à l'exclusion de tous autres héritiers.

Droit administratif

I. Un failli non réhabilité ne peut pas être gérant d'un journal.

II. Le maire n'a pas le pouvoir de faire expulser des conseillers municipaux de la salle des séances.

III. La loi du 22 mars 1884 sur les syndicats professionnels est étrangère aux professions libérales.

IV. La réhabilitation de l'article 634 du Code d'instruction criminelle ne confère pas à celui qui en est l'objet le droit de demander sa réintégration sur les cadres de la Légion d'honneur.

Vu par le Président de la Thèse,

Toulouse le 9 mai 1888.

J. PAGET.

Vu par le Doyen.

Toulouse le 10 mai 1888.

H. BONFILS.

VU :

et permis d'imprimer,

Toulouse le 10 mai 1888.

Le Recteur,

CL. PERROUD.

TABLE DES MATIÈRES

DROIT ROMAIN

DE LA CONDITION JURIDIQUE DES AFFRANCHIS
A ROME.

PREMIÈRE PARTIE

CONDITIONS DES AFFRANCHIS CITOYENS ROMAINS

DEUXIÈME PARTIE.

CONDITIONS DES AFFRANCHIS LATINS-JUNIENS.

TROISIÈME PARTIE.

CONDITION DES AFFRANCHIS DÉDITICES.

DROIT FRANÇAIS

DU RÉGIME LÉGAL DES BUREAUX DE BIENFAISANCE.

FIN DE LA TABLE